中国文化经典读本

张国志 刘海霞 ◎ 主 编
莲 花 邱 燕 ◎ 副主编

清华大学出版社
北京

内容简介

《中国文化经典读本》是一本萃取中国文化元典精华并特别适于诵读的书。本书选取最具代表性的中国思想、情感语句并依照适于诵读的原则，节选《大学》《中庸》《论语》《孟子》《易经》《道德经》《孙子兵法》《弟子规》《古文观止》及古今绝美诗歌等若干内容，旨在使读者于诵读声中体味中国核心文化，并将其化为修身之本，又进而做到言而有文。因此，本书特别适于在校大学生作为诵读读本，也适合其他各年龄段青少年用以敦品定性。

本书封面贴有清华大学出版社防伪标签，无标签者不得销售。

版权所有，侵权必究。举报：010-62782989，beiqinquan@tup.tsinghua.edu.cn。

图书在版编目(CIP)数据

中国文化经典读本 / 张国志,刘海霞主编. —北京：清华大学出版社，2018（2024.9重印）

ISBN 978-7-302-49687-8

Ⅰ.①中… Ⅱ.①张…②刘… Ⅲ.①中华文化—青年读物 Ⅳ.① K203-49

中国版本图书馆 CIP 数据核字(2018)第 034497 号

责任编辑：杜　星
封面设计：汉风唐韵
版式设计：方加青
责任校对：王荣静
责任印制：丛怀宇

出版发行：清华大学出版社
网　　址：https://www.tup.com.cn，https://www.wqxuetang.com
地　　址：北京清华大学学研大厦 A 座　　　邮　编：100084
社 总 机：010-83470000　　　　　　　　　　邮　购：010-62786544
投稿与读者服务：010-62776969，c-service@tup.tsinghua.edu.cn
质 量 反 馈：010-62772015，zhiliang@tup.tsinghua.edu.cn
印 装 者：大厂回族自治县彩虹印刷有限公司
经　　销：全国新华书店
开　　本：170mm×240mm　　印　张：11　　字　数：140 千字
版　　次：2018 年 3 月第 1 版　　印　次：2024 年 9 月第 11 次印刷
定　　价：39.80 元

产品编号：079321-02

前 言

伟大的时代需要卓异的青年，卓异的青年需要卓异的品格。面对日新月异的世界，用什么去教育青年，才能造就他们无愧于这个伟大时代的卓异品格？这已经是一个十分迫切的问题了。

在谈到如何弘扬中华传统文化时，习近平总书记指出："要认真汲取中华优秀传统文化的思想精华和道德精髓，大力弘扬以爱国主义为核心的民族精神和以改革创新为核心的时代精神，深入挖掘和阐发中华优秀传统文化讲仁爱、重民本、守诚信、崇正义、尚和合、求大同的时代价值，使中华优秀传统文化成为涵养社会主义核心价值观的重要源泉。要处理好继承和创造性发展的关系，重点做好创造性转化和创新性发展。"

习总书记的上述论断回答了我们的问题，也为青年学生的品格塑造指明了方向。的确，中国传统文化涵盖丰富而又独特的修身明德的理念与方法，值得深入挖掘和阐发，并可以赋予时代的价值进而发扬光大。毋庸置疑，修身明德的理念、方法植根于中华传统和民族特性，很容易入耳入心，是有效塑造中国青年品格的首选。

为此，本着品格塑造的要旨，依照去粗取精、去伪存真、与时俱进的原则，尤其注重适于诵读的要求，我们节选了《大学》十则、《论语》五十一则、《孟子》五十七则、《易经》十二则、《道德经》三十则、《中庸》

十二则、《孙子兵法》三十四则、《弟子规》三十七则,精选了散文九篇及历代经典诗歌一百零九首,又各依其旨分列"明德""师道""济世""启文"四个模块,编成这本《中国文化经典读本》。希望能够借助此读本之微言大义,使青年学子品格教育在诵读声中为之一新。

本书主编为张国志副教授(负责"启文篇"编写)、刘海霞教授(负责"明德篇"编写),副主编为莲花讲师(负责"师道篇"编写)、邱燕讲师(负责"济世篇"编写)。

北宋大儒张载有言:"为天地立心,为生民立命,为往圣继绝学,为万世开太平。"谨以此语转赠阅读本书之莘莘学子,并收束本书前言。

编　者

目 录

第一模块 明德篇

一、《大学》十则 / 2

（一）大学之道 / 2

（二）古之欲明明德于天下者 / 2

（三）汤之《盘铭》曰 / 3

（四）为人君 / 4

（五）君子贤其贤而亲其亲 / 4

（六）所谓致知在格物者 / 4

（七）所谓诚其意者 / 5

（八）富润屋 / 5

（九）君子有诸己而后求诸人 / 6

（十）所谓平天下在治其国者 / 6

二、《论语》五十一则 / 7

（一）学而时习之 / 7

（二）君子食无求饱 / 7

（三）知之为知之 / 8

（四）学而不思则罔 / 8

（五）温故而知新 / 8

（六）吾十有五而志于学 / 8

（七）朝闻道 / 9

（八）不愤不启 / 9

（九）发愤忘食 / 10

（十）古之学者为己 / 10

（十一）知之者不如好之者 / 10

（十二）士不可以不弘毅 / 11

（十三）三军可夺帅也 / 11

（十四）岁寒 / 11

（十五）仁远乎哉 / 11

（十六）其身正 / 12

（十七）巧言令色 / 12

（十八）过也，人皆见之 / 12

（十九）德不孤 / 13

（二十）文质彬彬 / 13

（二十一）君子不器 / 13

（二十二）君子不可小知而可大受也 / 13

（二十三）志士仁人 / 14

（二十四）不义而富且贵 / 14

（二十五）知者不惑 / 14

（二十六）知者乐水 / 15

（二十七）当仁不让于师 / 15

（二十八）君子喻于义 / 15

（二十九）过而不改 / 16

（三十）君子不以言举人 / 16

（三十一）孝弟也者 / 16

（三十二）见贤思齐焉 / 16

（三十三）不患寡而患不均 / 17

（三十四）君子坦荡荡 / 17

（三十五）不患人之不己知 / 17

（三十六）君子不重则不威 / 18

（三十七）己欲立而立人 / 18

（三十八）名不正 / 18

（三十九）吾日三省吾身 / 19

（四十）己所不欲 / 19

（四十一）君子成人之美 / 19

（四十二）自古皆有死 / 20

（四十三）人而无信 / 20

（四十四）工欲善其事 / 20

（四十五）友直、友谅、友多闻 / 20

（四十六）见义不为 / 21

（四十七）躬自厚而薄责于人 / 21

（四十八）子谓《韶》 / 21

（四十九）不在其位 / 22

（五十）往者不可谏 / 22

（五十一）无欲速 / 22

三、《孟子》五十七则 / 23

（一）不以规矩 / 23

（二）权，然后知轻重 / 23

（三）人有不为也 / 23

（四）虽有天下易生之物 / 24

（五）其进锐者 / 24

（六）心之官则思 / 24

（七）生于忧患 / 25

（八）惟仁者宜在高位 / 25

（九）天子不仁 / 25

（十）国君好仁 / 26

（十一）王如施仁政於民 / 26

（十二）彼夺其民时 / 26

（十三）五亩之宅 / 27

（十四）易其田畴 / 27

（十五）君仁 / 28

（十六）乐民之乐者 / 28

（十七）仁则荣 / 28

（十八）有恒产者有恒心 / 29

（十九）争地以战 / 29

（二十）君之视臣如手足 / 29

（二十一）鱼，我所欲也 / 30

（二十二）老吾老 / 30

（二十三）得道者多助 / 31

（二十四）天时不如地利 / 31

（二十五）杀一无罪非仁也 / 31

（二十六）贼仁者谓之"贼" / 32

（二十七）贤者在位 / 32

（二十八）尊贤使能 / 32

（二十九）民为贵 / 33

（三十）民事不可缓也 / 33

（三十一）不违农时 / 33

（三十二）庖有肥肉 / 34

（三十三）桀纣之失天下也 / 34

（三十四）明君制民之产 / 34

（三十五）保民而王 / 35

（三十六）诸侯之宝三 / 35

（三十七）天降下民 / 35

（三十八）人皆可以为尧舜 / 36

（三十九）夫人必自侮 / 36

（四十）祸福无不自己求之者 / 36

（四十一）君子不怨天 / 37

（四十二）富贵不能淫 / 37

（四十三）自暴者 / 37

（四十四）养心莫善于寡欲 / 38

（四十五）说大人则藐之 / 38

（四十六）故天将降大任于斯人也 / 38

（四十七）恭者不侮人 / 39

（四十八）爱人者 / 39

（四十九）不挟长 / 39

（五十）贤者以其昭昭使人昭昭 / 39

（五十一）富岁 / 40

（五十二）有为者辟若掘井 / 40

（五十三）君子有三乐 / 40

（五十四）穷则独善其身 / 41

（五十五）说诗者 / 41

（五十六）尽信《书》 / 41

（五十七）居天下之广居 / 42

第二模块 师 道 篇

一、《易经》十二则 / 44

（一）上九 / 44

（二）《象》曰：天行健 / 44

（三）居上位而不骄 / 44

（四）同声相应 / 45

（五）君子学以聚之 / 45

（六）积善之家 / 45

（七）劳谦君子 / 46

（八）地势坤 / 46

（九）冥豫在上 / 46

（十）同人于宗 / 47

（十一）天与火 / 47

（十二）《象》曰：饮酒濡道 / 47

二、《道德经》三十则 / 48

（一）上善若水 / 48

（二）不自见 / 48

（三）天长、地久 / 49

（四）飘风不终朝 / 49

（五）五色令人目盲 / 49

（六）持而盈之 / 50

（七）曲则全 / 50

（八）致虚极 / 50

（九）见素抱朴 / 51

（十）信不足焉 / 51

（十一）道常无为 / 51

（十二）企者不立 / 51

（十三）人法地 / 52

（十四）轻则失根 / 52

（十五）物壮则老 / 52

（十六）将欲翕之 / 53

（十七）知人者智 / 53

（十八）大方无隅 / 53

（十九）天下之至柔 / 54

（二十）甚爱必大费 / 54

（二十一）以正治国 / 54

（二十二）见小曰明 / 55

（二十三）大成若缺 / 55

（二十四）祸兮福之所倚 / 55

（二十五）治大国若烹小鲜 / 56

（二十六）图难于其易 / 56

（二十七）天下难事 / 56

（二十八）为之于未有 / 56

（二十九）合抱之木 / 57

（三十）慎终如始 / 57

三、《中庸》十二则 / 58

（一）天命之谓性 / 58

（二）中也者 / 58

（三）君子中庸 / 58

（四）天下国家可均也 / 59

（五）故君子和而不流 / 59

（六）君子遵道而行 / 59

（七）上不怨天 / 60

（八）或生而知之 / 60

（九）好学近乎知 / 60

（十）凡事豫则立 / 61

（十一）博学之 / 61

（十二）愚而好自用 / 61

第三模块 济世篇

一、《孙子兵法》三十四则 / 64

（一）孙子曰：兵者，国之大事 / 64

（二）故经之以五事 / 64

（三）一曰道 / 65

（四）故校之以计 / 65

（五）将听吾计 / 65

（六）兵者，诡道也 / 66

（七）夫未战而庙算胜者 / 66

（八）孙子曰：夫用兵之法 / 67

（九）故上兵伐谋 / 67

（十）故用兵之法，十则围之 / 68

（十一）夫将者，国之辅也 / 69

（十二）故知胜有五 / 69

（十三）故曰：知彼知己者 / 70

（十四）孙子曰：昔之善战者 / 70

（十五）不可胜者 / 71

（十六）见胜不过众人之所知 / 71

（十七）是故胜兵先胜而后求战 / 72

（十八）兵法：一曰度 / 72

（十九）故胜兵若以镒称铢 / 73

（二十）孙子曰：凡治众如治寡 / 73

（二十一）凡战者 / 74

（二十二）激水之疾 / 74

（二十三）纷纷纭纭 / 74

（二十四）故善动敌者 / 75

（二十五）孙子曰：凡先处战地而待敌者佚 / 76

（二十六）出其所不趋 / 76

（二十七）进而不可御者 / 77

（二十八）夫兵形象水 / 77

（二十九）孙子曰：凡用兵之法 / 78

（三十）故将通于九变之利者 / 78

（三十一）是故智者之虑 / 79

（三十二）故用兵之法，无恃其不来 / 79

（三十三）故将有五危 / 79

（三十四）故曰：明主虑之 / 80

二、《弟子规》三十七则 / 81

（一）弟子规 / 81

（二）父母呼 / 81

（三）朝早起 / 82

（四）对饮食 / 82

（五）年方少 / 82

（六）步从容 / 82

（七）事勿忙 / 83

（八）斗闹场 / 83

（九）用人物 / 83

（十）借人物 / 84

（十一）凡出言 / 84

（十二）说话多 / 84

（十三）见未真 / 85

（十四）事非宜 / 85

（十五）见人善 / 85

（十六）见人恶 / 86

（十七）惟德学 / 86

（十八）闻过怒 / 86

（十九）闻誉恐 / 87

（二十）无心非 / 87

（二十一）过能改 / 87

（二十二）凡是人 / 88

（二十三）行高者 / 88

（二十四）才所大 / 88

（二十五）勿谄富 / 89

（二十六）人有短 / 89

（二十七）善相劝 / 89

（二十八）凡取与 / 90

（二十九）将加人 / 90

（三十）恩欲报 / 90

（三十一）恩欲报 / 91

（三十二）果仁者 / 91

（三十三）能亲仁 / 91

（三十四）不亲仁 / 92

（三十五）不力行 / 92

（三十六）非圣书 / 92

（三十七）勿自暴 / 93

第四模块　启文篇

一、散文九篇 / 96

（一）兰亭集序 / 96

（二）醉翁亭记 / 98

（三）岳阳楼记 / 100

（四）五柳先生传 / 102

（五）桃花源记 / 103

（六）陋室铭 / 105

（七）春夜宴从弟桃花园序 / 105

（八）前赤壁赋 / 106

（九）记承天寺夜游 / 109

二、历代经典诗歌一百零九首 / 110

（一）先秦四篇 / 110

1. 关雎（无名氏）/ 110

2. 蒹葭（无名氏）/ 111

3. 采薇（无名氏）/ 111

4. 国殇（屈原）/ 113

（二）两汉五篇 / 113

1. 大风歌（刘邦）/ 113

2. 上邪（无名氏）/ 113

3. 长歌行（无名氏）/ 114

4. 赠从弟（刘桢）/ 114

5. 涉江采芙蓉（无名氏）/ 115

（三）魏晋南北朝七篇 / 115

1. 龟虽寿（曹操）/ 115

2. 观沧海（曹操）/ 115

3. 短歌行（曹操）/ 116

4. 归园田居（陶渊明）/ 117

5. 饮酒（其五）（陶渊明）/ 117

6. 敕勒歌（北朝民歌）/ 118

7. 陇头歌辞（北朝民歌）/ 118

（四）唐五代四十七篇 / 119

1. 白雪歌送武判官归京（岑参）/ 119

2. 送杜少府之任蜀州（王勃）/ 120

3. 登幽州台歌（陈子昂）/ 120

4. 春江花月夜（张若虚）/ 120

5. 燕歌行（高适）/ 122

6. 小儿垂钓（胡令能）/ 123

7. 游子吟（孟郊）/ 123

8. 终南别业（王维）/ 124

9. 送元二使安西（王维）/ 124

10. 鸟鸣涧（王维）/ 125

11. 画（王维）/ 125

12. 竹里馆（王维）/ 125

13. 忆江南（白居易）/ 126

14. 草（白居易）/ 126

15. 马诗（李贺）/ 126

16. 芙蓉楼送辛渐（王昌龄）/ 127

17. 过故人庄（孟浩然）/ 127

18. 题破山寺后禅院（常建）/ 127

19. 早春呈水部张十八员外（韩愈）/ 128

20. 幽兰操（韩愈）/ 128

21. 滁州西涧（韦应物）/ 129

22. 送灵澈上人（刘长卿）/ 129

23. 野望（王绩）/ 130

24. 送友人（李白）/ 130

25. 峨眉山月歌（李白）/ 131

26. 春夜洛城闻笛（李白）/ 131

27. 独坐敬亭山（李白）/ 131

28. 静夜思（李白）/ 132

29. 行路难（其一）（李白）/ 132

30. 宣州谢朓楼饯别校书叔云（李白）/ 133

31. 梦游天姥吟留别（李白）/ 133

32. 将进酒（李白）/ 135

33. 月下独酌（李白）/ 136

34. 走马川行奉送封大夫出师西征（岑参）/ 137

35. 月夜（刘方平）/ 138

36. 江畔独步寻花（其六）（杜甫）/ 138

37. 绝句（杜甫）/ 138

38. 秋词（其一）（刘禹锡）/ 139

39. 夜雨寄北（李商隐）/ 139

40. 泊秦淮（杜牧）/ 139

41. 赤壁（杜牧）/ 140

42. 山行（杜牧）/ 140

43. 枫桥夜泊（张继）/ 140

44. 登柳州城楼寄漳、汀、封、连四州刺史（柳宗元）/ 141

45. 相见欢（李煜）/ 141

46. 虞美人（李煜）/ 141

47. 浪淘沙（李煜）/ 142

（五）两宋二十四篇 / 142

1. 春日（朱熹）/ 142

2. 一去二三里（邵雍）/ 142

3. 小池（杨万里）/ 143
4. 宿新市徐公店（杨万里）/ 143
5. 浣溪沙（晏殊）/ 143
6. 破阵子（晏殊）/ 143
7. 饮湖上初晴后雨（苏轼）/ 144
8. 题西林壁（苏轼）/ 144
9. 水调歌头（苏轼）/ 144
10. 江城子·密州出猎（苏轼）/ 145
11. 定风波（苏轼）/ 145
12. 浣溪沙（苏轼）/ 145
13. 登飞来峰（王安石）/ 146
14. 渔家傲·秋思（范仲淹）/ 146
15. 卜算子·我住长江头（李之仪）/ 146
16. 南乡子·登京口北固亭有怀（辛弃疾）/ 147
17. 破阵子·为陈同甫赋壮词以寄之（辛弃疾）/ 147
18. 武陵春（李清照）/ 147
19. 声声慢（李清照）/ 147
20. 观书有感（朱熹）/ 148
21. 约客（赵师秀）/ 148
22. 游山西村（陆游）/ 148
23. 卜算子·咏梅（陆游）/ 149
24. 雨霖铃（柳永）/ 149

（六）元、明、清十篇 / 149

1. 天净沙·秋（白朴）/ 149
2. 天净沙·秋思（马致远）/ 150
3. 山坡羊·骊山怀古（张养浩）/ 150
4. 山坡羊·潼关怀古（张养浩）/ 150
5. 石灰吟（于谦）/ 150
6. 临江仙·滚滚长江东逝水（杨慎）/ 151
7. 过零丁洋（文天祥）/ 151
8. 村居（高鼎）/ 152
9. 竹石（郑燮）/ 152
10. 长相思（纳兰性德）/ 152

（七）现代十二篇 / 153

1. 沁园春·长沙（毛泽东）/ 153
2. 七律·长征（毛泽东）/ 153
3. 卜算子·咏梅（毛泽东）/ 154
4. 采桑子·重阳（毛泽东）/ 154
5. 浪淘沙·北戴河（毛泽东）/ 154
6. 雨巷（戴望舒）/ 155
7. 再别康桥（徐志摩）/ 156
8. 乡愁四韵（余光中）/ 158
9. 错误（郑愁予）/ 159
10. 送别（李叔同）/ 159
11. 致橡树（舒婷）/ 160
12. 茉莉花（何仿）/ 162

参考文献 / 163

第一模块　明　德　篇

　　这个模块用"明德"作为题目,意思就是要明确一个中国人应有的德行。从传统文化角度来看,作为一个中国人应有怎样的德行?一般地说,首先应该具有儒家提倡的"仁"德,也就是"爱别人"的美德。这种美德是一切道德的基础,因此它不仅属于中国,而且也必将属于世界。

　　以下的《大学》《论语》《孟子》选文,核心思想就是阐述"仁",也就是阐述为什么要"爱别人"以及怎样做到"爱别人",这是一颗心灵从狭隘到坦荡的必懂之理,也是一个人由"小我"走向"大我"的必由之路。

一、《大学》十则

（一）大学之道

大学之道，在明明德，在亲民，在止于至善。知止而后有定，定而后能静，静而后能安，安而后能虑，虑而后能得。物有本末，事有终始。知所先后，则近道矣。

大学的宗旨在于弘扬光明正大的品德，在于使人弃旧图新，在于使人达到最完善的境界。知道应达到的境界才能够志向坚定；志向坚定才能够镇静不躁；镇静不躁才能够心安理得；心安理得才能够思虑周详；思虑周详才能够有所收获。每样东西都有根本有枝末，每件事情都有开始有终结。明白了这本末始终的道理，就接近事物发展的规律了。

（二）古之欲明明德于天下者

古之欲明明德于天下者，先治其国。欲治其国者，先齐其家；欲齐其家者，先修其身；欲修其身者，先正其心；欲正其心者，先诚其意；欲诚其意者，先致其知。致知在格物。物格而后知至，知至而后意诚，意诚而后心正，心正而后身修，身修而后家齐，家齐而后国治，国治而后天下平。

　　古时候想要向天下人彰明自己光明的德行，就要先治理好自己的国家；想要治理好自己的国家，就要先管理好自己的家庭；想要管理好自己的家庭，就要先修养自己的身心；想要修养自己的身心，就要先端正自己的心志；想要端正自己的心志，就要先证实自己的诚意；想要证实自己的诚意，就要丰富自己的知识；丰富知识就在于深入研究事物的原理。通过对万事万物的认识、研究后才能获得知识；获得知识后意念才能真诚；意念真诚后心思才能端正；心思端正后才能修养品性；品性修养后才能管理好家庭和家族；管理好家庭和家族后才能治理好国家；治理好国家后天下才能太平。

（三）汤之《盘铭》曰

　　汤之《盘铭》曰："苟日新，日日新，又日新。"《康诰》曰："作新民。"《诗》曰："周虽旧邦，其命维新。"是故君子无所不用其极。

　　商汤王刻在盥洗皿上的箴言说："如果能够一天新，就应保持天天新，新了还要更新。"《康诰》说："激励人弃旧图新。"《诗经》说："周朝虽然是旧的国家，但禀受了新的天命。"所以，品德高尚的人无处不追求完善。

（四）为 人 君

为人君，止于仁；为人臣，止于敬；为人子，止于孝；为人父，止于慈；与国人交，止于信。

作为君主，就要达到仁爱；作为臣下，就要达到恭敬；作为儿子，就要达到孝顺；作为父亲，就要达到慈爱；与国民交往，就要达到诚信。

（五）君子贤其贤而亲其亲

君子贤其贤而亲其亲，小人乐其乐而利其利，此以没世不忘也。

君子尊敬所应尊敬的贤人，亲近所应亲近的亲族，普通人享受所得到的快乐，利用所得到的利益，所以才终生不忘记前代圣王。

（六）所谓致知在格物者

所谓致知在格物者，言欲致吾之知，在即物而穷其理也。盖人心之灵莫不有知，而天下之物莫不有理，惟于理有未穷，故其知有不尽也。是以《大学》始教，必使学者即凡天下之物，莫不因其已知之理而益穷之，以求至乎其极。至于用力之久，而一旦豁然贯通焉，则众物之表里精粗无不到，而吾心之全体大用无不明矣。此谓物格，此谓知之至也。

说获得知识的途径在于认识、研究万事万物，是指要想获得知识，就必须接触事物而彻底研究它的原理。人的心灵都具有认识能力，而天下万事万物都总有一定的原理，只不过因为这些原理还没有被彻底认识，所以知识就存在局限。因此，《大学》一开始就教学习者接触天下万事万物，用自己已有的知识去进一步探究，以认识万事万物的原理。经过长期用功，总有一天会豁然贯通，到那时，万事万物的里外巨细都被认识得清清楚楚，而自己内心的一切认识能力都得到淋漓尽致的发挥，再也没有蔽塞。这就叫万事万物被认识、研究了，这就叫知识达到顶点了。

（七）所谓诚其意者

所谓诚其意者，毋自欺也。如恶（wù）恶臭，如好（hào）好色，此之谓自谦。故君子必慎其独也。

使意念真诚的意思是说，不要自己欺骗自己。要像厌恶腐臭的气味一样，要像喜爱美丽的女人一样，一切都发自内心。所以，品德高尚的人哪怕是在一个人独处的时候，也一定要谨慎。

（八）富　润　屋

富润屋，德润身，心广体胖（pán），故君子必诚其意。

财富可以装饰房屋，品德可以修养身心，使心胸宽广而身体舒泰安康。所以，品德高尚的人一定要使自己的意念真诚。

（九）君子有诸己而后求诸人

君子有诸己而后求诸人，无诸己而后非诸人。所藏乎身不恕，而能喻诸人者，未之有也。故治国在齐其家。

君子对于优点，要自己身上拥有以后再去要求别人；对于缺点，要自己身上没有以后再去批评别人。自己身上所拥有的不是恕道，却能够去教导别人的，是从来没有的。所以，要治理国家必须先管理好自己的家庭和家族。

（十）所谓平天下在治其国者

所谓平天下在治其国者，上老老而民兴孝，上长（zhǎng）长（zhǎng）而民兴弟（tì），上恤孤而民不倍，是以君子有絜（jié）矩之道也。

之所以说平定天下要治理好自己的国家，是因为：在上位的人尊敬老人，老百姓就会孝顺自己的父母；在上位的人尊重长辈，老百姓就会尊重自己的兄长；在上位的人体恤救济孤儿，老百姓也会同样跟着去做。所以，品德高尚的人总是实行行为端正、符合法度的中正之道。

二、《论语》五十一则

（一）学而时习之

学而时习之,不亦说乎?有朋自远方来,不亦乐乎?人不知而不愠(yùn),不亦君子乎?(《论语·学而》)

学习了,而能按时去实习,不也高兴吗?有志同道合的人自远方来(切磋学理),不也快乐吗?别人不了解我,我并不埋怨,不也是君子吗?

（二）君子食无求饱

君子食无求饱,居无求安,敏于事而慎于言,就有道而正焉,可谓好学也已。(《论语·学而》)

有道德有学问的人不贪图饮食的满足、居室的舒适(不把精力放在吃住上),而求做事勤快、说话谨慎,向有道德有学问的人请教,这样做,就可以说是一个好学的人了。

(三)知之为知之

知之为知之,不知为不知,是知(zhì)也。(《论语·为政》)

知道就是知道,不知道就是不知道,这才是聪明智慧。

(四)学而不思则罔

学而不思则罔,思而不学则殆。(《论语·为政》)

只读书却不思考,就会感到迷惑而无所得;只是空想却不认真学习,就会弄得精神疲倦而无所得。

(五)温故而知新

温故而知新,可以为师矣。(《论语·为政》)

温习已知的旧知识,又能领悟到新的东西,可以凭借这一点做老师了。

(六)吾十有五而志于学

吾十有(yòu)五而志于学,三十而立,四十而不惑,五十而知天命,

六十而耳顺,七十而从心所欲,不逾矩。(《论语·为政》)

　　我十五岁时开始立志学习,三十岁时能立足于社会,四十岁时能通情达理遇事不再疑惑,五十岁时懂得了天命的道理,六十岁能听得进不同的意见,到了七十岁时已经达到随心所欲,想怎么做就怎么做,也不会超出规矩。

(七)朝　闻　道

　　朝(zhāo)闻道,夕死可矣。(《论语·里仁》)

　　早上懂得了真理,晚上就死去,也是可以的(爱真理胜于爱生命)。

(八)不 愤 不 启

　　不愤不启,不悱(fěi)不发;举一隅不以三隅反,则不复也。(《论语·述而》)

　　(教学生)不到他苦思冥想怎么也弄不明白的时候,不去开导他;不到他想说而又说不出来的时候,不去启发他。告诉他(四方形)的一个角,他不能由此推出另外三个角,就不再往下教他(新知识)了。

（九）发愤忘食

发愤忘食，乐以忘忧，不知老之将至云尔。（《论语·述而》）

发愤时候竟忘记吃饭，快乐时候就忘记了忧愁，连自己就要老了这件事也不放在心上，如此罢了。

（十）古之学者为己

古之学者为己，今之学者为人。（《论语·宪问》）

古代读书人学习的目的，在于修养自己的学问道德（然后去为国家、人民服务），现在读书人学习的目的，在于给别人看（希望得到别人的赞美和任用）。

（十一）知之者不如好之者

知之者不如好（hào）之者，好之者不如乐之者。（《论语·雍也》）

懂得它不如爱好它，爱好它不如以它为乐。

（十二）士不可以不弘毅

士不可以不弘毅，任重而道远。（《论语·泰伯》）

读书的人不可不抱负远大，意志坚强，因为他重任在身而路途遥远。

（十三）三军可夺帅也

三军可夺帅也，匹夫不可夺志也。（《论语·子罕》）

三军中可以夺去它的统帅，但是不可能强迫一个平民百姓改变他的志向。

（十四）岁　　寒

岁寒，然后知松柏之后凋也。（《论语·子罕》）

到了一年最寒冷的季节，才知道松柏树是最后凋谢的。

（十五）仁远乎哉

仁远乎哉？我欲仁，斯仁至矣。（《论语·述而》）

仁,距离我远吗?只要我想要做到仁,仁就随着心念到了。

(十六)其身正

其身正,不令而行;其身不正,虽令不从。(《论语·子路》)

自身言行正当,即使不下命令,别人也会跟着行动;若自身言行不正当,即使三令五申,别人也不会跟着行动。

(十七)巧言令色

巧言令色,鲜矣仁。(《论语·学而》)

花言巧语,装出和善的面孔。这种人,心里不会有多少"仁德"(这种人不会有真正的爱人之心)。

(十八)过也,人皆见之

过也,人皆见之;更也,人皆仰之。(《论语·子张》)

有了过错,别人都能看到;改了,人们都会敬仰他。

（十九）德 不 孤

德不孤，必有邻。（《论语·里仁》）

世界上有道德的人是不会孤立的，一定有很多思想一致的人和他在一起。

（二十）文 质 彬 彬

文质彬彬，然后君子。（《论语·雍也》）

一个人既文雅又朴实，然后才能成为君子。

（二十一）君 子 不 器

君子不器。（《论语·为政》）

君子不要像器具一样（只有一种固定的用途，要在任何环境都能发挥君子的作用）。

（二十二）君子不可小知而可大受也

君子不可小知而可大受也，小人不可大受而可小知也。（《论语·卫

灵公》）

　　人格高尚的人不可用小事情考验他，却可以委以重任；人格低下的人不可委以重任，却可用小事情考验他。

（二十三）志士仁人

　　志士仁人，无求生以害仁，有杀身以成仁。（《论语·卫灵公》）

　　有志之士和仁人，不会贪生怕死而损害仁，只会勇于牺牲来成全仁。

（二十四）不义而富且贵

　　不义而富且贵，于我如浮云。（《论语·述而》）

　　做不应该做的事从而做官发财，对我来说，好比是天空飘来飘去的过眼烟云。

（二十五）知者不惑

　　知（zhī）者不惑，仁者不忧，勇者不惧。（《论语·子罕》）

聪明的人不会疑惑,实行仁德的人不会忧愁,真正勇敢的人,不会畏惧。

(二十六)知者乐水

知(zhì)者乐水,仁者乐山。知者动,仁者静。知者乐,仁者寿。(《论语·雍也》)

聪明智慧的人爱水,有仁德的人爱山。聪明智慧的人爱活跃,有仁德的人爱沉静。聪明智慧的人快乐,有仁德的人长寿。

(二十七)当仁不让于师

当仁不让于师。(《论语·卫灵公》)

在实行仁德之事的时候对自己的老师也不要谦让。

(二十八)君子喻于义

君子喻于义,小人喻于利。(《论语·里仁》)

君子懂得的是义,小人懂得的是利。

（二十九）过而不改

过而不改，是谓过已。（《论语·卫灵公》）

有了过错而不改正，这才真叫过错呢。

（三十）君子不以言举人

君子不以言举人，不以人废言。（《论语·卫灵公》）

君子不因为别人的话说得好就提拔他，也不因为别人的品德不好就废弃他的正确意见。

（三十一）孝弟也者

孝弟（tì）也者，其为仁之本与。（《论语·学而》）

孝敬父母，尊敬兄长，是做人的根本。

（三十二）见贤思齐焉

见贤思齐焉，见不贤而内自省也。（《论语·里仁》）

看见贤人就应想着向他看齐,看见不贤的人则应在内心自我反省有无类似缺点。

(三十三)不患寡而患不均

不患寡而患不均,不患贫而患不安。(《论语·季氏》)

不怕东西少而怕分配不均匀,不怕贫困而怕不安定。

(三十四)君子坦荡荡

君子坦荡荡,小人长戚戚。(《论语·述而》)

君子胸怀坦荡,无忧无虑;小人心胸狭隘,常常忧愁哀戚。

(三十五)不患人之不己知

不患人之不己知,患不知人也。(《论语·学而》)

不怕别人不了解我,怕的是自己不了解别人。

（三十六）君子不重则不威

君子不重则不威,学则不固。主忠信。无友不如己者,过则勿惮改。（《论语·学而》）

君子如果不自重,就没有威严（别人也不会尊重你）,学习的知识也就不扎实。做人重要的是讲求忠诚,守信用。不要同不如自己的人交朋友。如果犯了错误,就不要害怕改正。

（三十七）己欲立而立人

己欲立而立人,己欲达而达人。（《论语·雍也》）

自己要在社会上自立,就要使别人能在社会上自立；自己要在社会上通达,就要别人也能在社会上通达。

（三十八）名　不　正

名不正,则言不顺；言不顺,则事不成。（《论语·子路》）

名分不正,说起话来就不顺当合理；说话合乎情理,事情才能成功。

(三十九)吾日三省吾身

吾日三省吾身:为人谋而不忠乎?与朋友交而不信乎?传不习乎?(《论语·学而》)

我每天都要从多个方面检查反省自己:为别人出主意办事情,是否忠实呢?与朋与交往,是否有不真诚的地方呢?老师传给我的学业,是否复习了呢?

(四十)己所不欲

己所不欲,勿施于人。(《论语·颜渊》)

自己不想要或者不想做的,不要强加给别人。

(四十一)君子成人之美

君子成人之美,不成人之恶。(《论语·颜渊》)

君子成全别人的好事,不成全人家恶事。

（四十二）自古皆有死

自古皆有死，民无信不立。（《论语·颜渊》）

自古以来，都免不了一死；如果人民对政府不信任，国家就立不住。

（四十三）人而无信

人而无信，不知其可也。（《论语·为政》）

一个人如果不守信用，不知他怎么可以做人！

（四十四）工欲善其事

工欲善其事，必先利其器。（《论语·卫灵公》）

工匠要想做好自己的工作，必须事先把工具磨锋利。

（四十五）友直、友谅、友多闻

友直、友谅、友多闻，益矣。（《论语·季氏》）

同正直的人交友,同诚实的人交友,同见闻广博的人交友,是有益的。

(四十六)见义不为

见义不为,无勇也。(《论语·为政》)

见到自己应当做的正义的事情而不去做,就是没有勇气。

(四十七)躬自厚而薄责于人

躬自厚而薄责于人,则远怨矣。(《论语·卫灵公》)

凡事多责备自己而少责备别人,就可以避开怨恨了。

(四十八)子谓《韶》

子谓《韶》:"尽美矣,又尽善也。"(《论语·八佾》)

孔子谈到《韶》这一乐舞时说:"美极了啊,又好极了!"

（四十九）不在其位

不在其位，不谋其政。（《论语·泰伯》）

不在那个职位上，就不要过问那方面的政务。

（五十）往者不可谏

往者不可谏，来者犹可追。（《论语·微子》）

过去的事不可挽回了，将来的事来得及改正。

（五十一）无　欲　速

无欲速，无见小利。欲速则不达，见小利则大事不成。（《论语·子路》）

不求速成，不要图小利。想求速成，反而达不到目的，贪图小利就做不成大事。

三、《孟子》五十七则

（一）不以规矩

不以规矩，不成方圆。（《孟子·离娄上》）

不用圆规和曲尺，就不能正确地画出方形和圆形。

（二）权，然后知轻重

权，然后知轻重；度，然后知长短。（《孟子·梁惠王上》）

称一称，才晓得轻重；量一量，才晓得长短。

（三）人有不为也

人有不为也，而后可以有为。（《孟子·离娄下》）

人要有所不为，才能有所为。

（四）虽有天下易生之物

虽有天下易生之物，一日暴之，十日寒之，未有能生者也。（《孟子·告子上》）

即使有一种最容易生长的植物，晒它一天，又冻它十天，也不能再生长了。

（五）其进锐者

其进锐者，其退速。（《孟子·尽心上》）

前进太猛的人，后退也会快。

（六）心之官则思

心之官则思，思则得之，不思则不得也。（《孟子·告子上》）

心这个器官职能在于思考，思考才能获得，不思考便不能获得。

（七）生于忧患

生于忧患而死于安乐也。（《孟子·告子下》）

忧患足以使人生存，安逸快乐足以使人死亡。

（八）惟仁者宜在高位

惟仁者宜在高位。不仁而在高位，是播其恶于众也。（《孟子·离娄上》）

只有道德高尚的仁人，才应该处于统治地位。如果道德低劣的不仁者处于统治地位，就会把他的罪恶传播给群众。

（九）天子不仁

天子不仁，不保四海；诸侯不仁，不保社稷；卿大夫不仁，不保宗庙；士庶人不仁，不保四体。（《孟子·离娄上》）

天子不行仁，便保不住他的天下；诸侯不行仁，便保不住他的国家；卿大夫不行仁，便保不住他的宗庙；士人和老百姓不行仁，便保不住自己的身体。

（十）国君好仁

国君好仁，天下无敌焉。（《孟子·离娄上》）

一国的君主如果喜爱仁德，整个天下便不会有敌手。

（十一）王如施仁政於民

王如施仁政於民，省刑罚，薄税敛，深耕易耨（nòu）；壮者以暇日修其孝悌忠信，入以事其父兄，出以事其长上，可使制梃以挞秦楚之坚甲利兵矣！（《孟子·梁惠王上》）

大王如果对老百姓施行仁政，减免刑罚，少收赋税，让老百姓深耕细作，及时除草；让身强力壮的人抽出时间修养孝顺、尊敬、忠诚、守信的品德，在家侍奉父母兄长，出门尊敬长辈上级，这样就是让他们制作木棒也可以打击那些拥有坚实盔甲锐利刀枪的秦楚军队了。

（十二）波夺其民时

彼夺其民时，使不得耕耨以养其父母。父母冻饿，兄弟妻子离散。彼陷溺其民，王往而征之，夫谁与王敌？故曰："仁者无敌。"（《孟子·梁惠王上》）

因为那些秦国、楚国的执政者剥夺了他们老百姓的生产时间,使他们不能够深耕细作来赡养父母。父母受冻挨饿,兄弟妻子东离西散。他们使老百姓陷入深渊之中,大王去征伐他们,有谁来和您抵抗呢?所以说:"施行仁政的人是没有敌人的。"

(十三)五亩之宅

五亩之宅,树之以桑,五十者可以衣帛矣。鸡豚狗彘(zhì)之畜,无失其时,七十者可以食肉矣。百亩之田,勿夺其时,八口之家可以无饥矣。谨庠(xiáng)序之教,申之以孝悌之义,颁白者不负戴于道路矣。(《孟子·梁惠王上》)

每家给他五亩土地的住宅,四围种植桑树,那么,五十岁以上的人都可以有丝棉袄穿了。对于鸡、狗与猪这类家畜,都有能力去饲养繁殖,那么,七十岁以上的人就都有肉可吃了。一家给他一百亩土地,并且不去妨碍他的生产,八口人的家庭便都可以吃得饱饱的了。办好各级学校,反复地用孝顺父母、敬爱兄长的大道理来引导他们,那么,须发花白的老人便会有人代劳,不致头顶着、背负着东西在路上行走了。

(十四)易其田畴

易其田畴,薄其税敛,民可使富也。(《孟子·尽心上》)

搞好耕种，减轻税收，可以使百姓富足。

（十五）君　仁

君仁，莫不仁；君义，莫不义；君正，莫不正。（《孟子·离娄上》）

君主仁，没有人不仁；君主义，没有人不义；君主正，没有人不正。

（十六）乐民之乐者

乐民之乐者，民亦乐其乐；忧民之忧者，民亦忧其忧。（《孟子·梁惠王下》）

以百姓的快乐为自己的快乐者，百姓也会以国君的快乐作为自己的快乐；以百姓的忧愁为自己的忧愁者，百姓也会以国君的忧愁作为自己的忧愁。

（十七）仁　则　荣

仁则荣，不仁则辱。（《孟子·公孙丑上》）

诸侯卿相如果实行仁政，就会有荣耀；如果行不仁之政，就会遭受屈辱。

（十八）有恒产者有恒心

有恒产者有恒心，无恒产者无恒心。苟无恒心，放辟（pì）邪侈，无不为已。（《孟子·滕文公上》）

有一定产业收入的人才有一定的道德观念和行为准则，没有一定的产业收入的人便不会有一定的道德观念和行为准则。假若没有一定的道德观念和行为准则，就会胡作非为，违法乱纪，什么事都干得出来。

（十九）争地以战

争地以战，杀人盈野；争城以战，杀人盈城，此所谓率土地而食人肉，罪不容于死。（《孟子·离娄上》）

为争夺土地而战，杀死的人遍野；为争夺城池而战，杀死的人满城。这就是带领土地来吃人肉，死刑都不足以赎出他们的罪过。

（二十）君之视臣如手足

君之视臣如手足，则臣视君如腹心；君之视臣如犬马，则臣视君如国人；君之视臣如土芥，则臣视君如寇仇。（《孟子·离娄下》）

君主把臣下看成自己的手足，臣下就会把君主当作腹心；君主把臣下看成牛马，臣下就会把君主当成路上遇见的一般人；君主把臣下看成泥土或野草，臣下就会把君主看作仇敌。

（二十一）鱼，我所欲也

鱼，我所欲也，熊掌亦我所欲也；二者不可得兼，舍鱼而取熊掌者也。生亦我所欲也，义亦我所欲也；二者不可得兼，舍生而取义者也。（《孟子·告子上》）

鱼是我想要的，熊掌也是我想要的；如果两者都不能得到的话，我便舍弃鱼而选取熊掌。生命是我所喜爱的，道义也是我所喜爱的；如果两者不能兼有，我便舍弃生命而选取道义。

（二十二）老 吾 老

老吾老，以及人之老；幼吾幼，以及人之幼。（《孟子·梁惠王上》）

尊敬自己的长辈时，不应忘记尊敬别人的长辈；爱护自己的晚辈时，不应忘记爱护别人的晚辈。

（二十三）得道者多助

得道者多助，失道者寡助。寡助之至，亲戚畔之，多助之至，天下顺之。（《孟子·公孙丑下》）

行仁政的就有很多人帮助，不行仁政的就很少有人帮助。帮助他的人少到极点时，连亲戚都反对他；帮助他的人多到极点时，全天下的人都归顺他。

（二十四）天时不如地利

天时不如地利，地利不如人和。（《孟子·公孙丑下》）

有利的天气条件比不上有利的地理环境，有利的地理环境比不上人心所向。

（二十五）杀一无罪非仁也

杀一无罪非仁也，非其有而取之非义也。（《孟子·尽心上》）

杀一个无罪的人，是不仁；不属于自己的东西，却将其取了过来，是不义。

（二十六）贼仁者谓之"贼"

贼仁者谓之"贼"，贼义者谓之"残"。残贼之人谓之"一夫"。闻诛一夫纣矣，未闻弑君也。（《孟子·梁惠王下》）

破坏仁爱的人叫作"贼"，破坏道义的人叫作"残"。这样的人，我们就叫他"独夫"。我只听说周武王诛杀了独夫殷纣，没有听说过他是以臣弑君的。

（二十七）贤者在位

贤者在位，能者在职。（《孟子·公孙丑上》）

使有德行的人居于相当的官位，有才能的人担任一定的职务。

（二十八）尊贤使能

尊贤使能，俊杰在位。（《孟子·公孙丑上》）

尊重有道德的人，使用有能力的人，杰出的人物都有官位。

（二十九）民　为　贵

民为贵，社稷次之，君为轻。（《孟子·尽心下》）

百姓最为重要，代表国家的土谷之神为次，君主为轻。

（三十）民事不可缓也

民事不可缓也。（《孟子·滕文公上》）

关心人民是最紧迫的任务。

（三十一）不违农时

不违农时，谷不可胜食也；数（cù）罟（gǔ）不入洿（wū）池，鱼鳖不可胜食也；斧斤以时入山林，材木不可胜用也。谷与鱼鳖不可胜食，材木不可胜用，是使民养生丧死无憾。（《孟子·梁惠王上》）

只要不违背农时，那粮食就吃不完；不用细密的渔网到大池中捕鱼，那么鱼鳖水产便吃不完；依照合适的时间到山林砍伐树木，木材也会用不尽。粮食和鱼类吃不完，木材用不尽，这样老百姓就能够养活家小，即使葬送死者也无遗憾了。

（三十二）庖有肥肉

庖（páo）有肥肉，厩有肥马，民有饥色，野有饿莩（piǎo），此率（shuài）兽而食人也。（《孟子·梁惠王上》）

现在你的厨房里有皮薄膘肥的肉，你的马栏里有健壮的骏马，可是老百姓面带饥色，野外躺着饿死的人，这如同率领着禽兽来吃人啊。

（三十三）桀纣之失天下也

桀纣之失天下也，失其民也；失其民者，失其心也。得天下有道：得其民，斯得天下矣；得其民有道：得其心，斯得民矣；得其心有道：所欲与之聚之，所恶勿施，尔也。（《孟子·离娄上》）

桀和纣丧失天下，是由于失去了百姓的支持；他们失去百姓的支持，是由于失去了民心。获得天下有方法：获得了百姓的支持，便可以获得天下。获得百姓的支持有方法：获得了民心，便可以获得百姓的支持。获得民心有方法：他们所希望的，替他们聚积起来；他们所厌恶的，不要加在他们头上，如此而已。

（三十四）明君制民之产

明君制民之产，必使仰足以事父母，俯足以畜妻子，乐岁终身饱，

凶年免于死亡。(《孟子·梁惠王上》)

贤明的君主在规定百姓的产业时,一定要使他们上可以养父母,下可以养妻子儿女,好年成能丰衣足食,遇上荒年也不致饿死。

(三十五)保民而王

保民而王,莫之能御也。(《孟子·梁惠王》)

一切为百姓的生活安定而努力,这样去统一天下,没有人能够阻挡。

(三十六)诸侯之宝三

诸侯之宝三:土地、人民、政事。宝珠玉者,殃必及身。((《孟子·尽心下》)

诸侯的宝贝有三样:土地、百姓和政治。那种以珍珠美玉为宝贝的人,祸害一定会降到他身上来。

(三十七)天降下民

天降下民,作之君,作之师,惟曰其助上帝宠之。(《孟子·梁惠王下》)

天降生一般的人,也替他们降生了君主,也替他们降生了师傅,这些君主和师傅的唯一责任,是帮助老天来爱护人民。

(三十八)人皆可以为尧舜

人皆可以为尧舜。(《孟子·告子下》)

人人都可以当尧舜这样的圣人。

(三十九)夫人必自侮

夫人必自侮,然后人侮之;家必自毁,而后人毁之;国必自伐,而后人伐之。(《孟子·离娄上》)

人必先有自取侮辱的行为,别人才侮辱他;家必先有自取毁坏的因素,别人才毁坏它;国必先有自取讨伐的原因,别人才讨伐它。

(四十)祸福无不自己求之者

祸福无不自己求之者。(《孟子·公孙丑上》)

祸害或者幸福没有不是自己找来的。

（四十一）君子不怨天

君子不怨天，不尤人。（《孟子·公孙丑下》）

君子不抱怨天，不责怪人。

（四十二）富贵不能淫

富贵不能淫，贫贱不能移，威武不能屈，此之谓大丈夫。（《孟子·滕文公下》）

富贵不能乱了我的心，贫贱不能改变我的志向，威武不能屈我的节，这样才叫作大丈夫。

（四十三）自　暴　者

自暴者，不可与有言也；自弃者，不可与有为也。（《孟子·离娄上》）

自己损害自己的人，不能和他谈出有价值的言语；自己抛弃自己（对自己极不负责任）的人，不能和他做出有价值的事业。

（四十四）养心莫善于寡欲

养心莫善于寡欲。（《孟子·尽心下》）

修养心性的办法最好是减少欲望。

（四十五）说大人则藐之

说（shuì）大人则藐之，勿视其巍巍然。（《孟子·尽心下》）

向诸侯进言，就得轻视他，不要把他高高在上的位置放在眼里。

（四十六）故天将降大任于是人也

故天将降大任于是人也，必先苦其心志，劳其筋骨，饿其体肤，空乏其心，行拂乱其所为，所以动心忍性，曾益其所不能。（《孟子·告子下》）

天将把重要的任务加到某人的身上，一定要先使他的内心痛苦，使他的筋骨劳累，使他经受饥饿，使他受贫困之苦，使他的每一行为总是不如意，这样就可以使他内心警觉，使他的性格坚定，增加他不具备的能力。

（四十七）恭者不侮人

恭者不侮人，俭者不夺人。（《孟子·离娄上》）

对别人恭敬的人不会侮辱别人，自己节俭的人不会抢夺别人。

（四十八）爱 人 者

爱人者，人恒爱之；敬人者，人恒敬之。（《孟子·离娄下》）

爱别人的人，会受到别人的爱；尊敬别人的人，会受到别人的尊敬。

（四十九）不 挟 长

不挟（xié）长（zhǎng），不挟贵，不挟兄弟而友。（《孟子·万章下》）

交朋友时，不依仗自己年纪大，不仗恃自己地位高，不依仗自己的兄弟。

（五十）贤者以其昭昭使人昭昭

贤者以其昭昭使人昭昭，今以其昏昏使人昭昭。（《孟子·尽心下》）

贤能的人,一定是自己先明白了再使人明白;今天的人自己还在糊涂却硬要叫人明白。

(五十一)富 岁

富岁,子弟多赖;凶岁,子弟多暴,非天之降才而殊也,其所以陷溺其心者然也。(《孟子·告子上》)

丰收年成,年轻人多半懒惰;灾荒年成,年轻人多半强暴。并不是由于天生的资质有所不同,而是由于外部环境把他们的心变坏了。

(五十二)有为者辟若掘井

有为者辟(pì)若掘井,掘井九轫(rèn)而不及泉,犹为弃井也。(《孟子·尽心上》)

做一件事情好像挖井,如果挖了六七丈深还不见泉水的话,仍然是一个废井。

(五十三)君子有三乐

君子有三乐,而王天下不与存焉。父母俱在,兄弟无故,一乐也;仰不愧于天,俯不怍于人,二乐也;得天下英才而教育之,三乐也。

(《孟子·尽心上》)

君子有三种乐处,但是以德服天下并不在其中。父母都健康,兄弟没灾患,是第一种乐趣;抬头无愧于天,低头无愧于人,是第二种乐趣;得到天下优秀人才而对他们进行教育,是第三种乐趣。

(五十四)穷则独善其身

穷则独善其身,达则兼善天下。(《孟子·尽心上》)

穷困便独善其身,得志便兼善天下。

(五十五)说 诗 者

说诗者,不以文害辞,不以辞害志。以意逆志,是为得之。(《孟子·万章上》)

解说诗的人,不要拘于文字而误解词句,也不要拘于词句而误解原意。用自己切身的体会去推测作者的本意,这就对了。

(五十六)尽信《书》

尽信《书》,不如无《书》。(《孟子·尽心下》)

完全相信《尚书》，那还不如没有《尚书》。

（五十七）居天下之广居

居天下之广居，立天下之正位，行天下之大道；得志，与民由之；不得志，独行其道。（《孟子·滕文公下》）

住在天下最宽广的住宅里，站在天下最正确的位置上，走着天下最光明的大道；得志的时候，便与老百姓一同前进；不得志的时候，便独自坚持自己的原则。

第二模块　师　道　篇

　　这个模块用"师道"作为题目,"师"就是"学","道"就是中国智慧,合起来就是学习中国智慧。中华文明之所以能够几千年绵绵不绝,中华民族之所以能够转弱为强,是因为这块土地上的人们有高超的思维方式。这种思维方式总是能够指引人们透过迷雾看清真相,进而实事求是,按规律办事,取得最后胜利。

　　以下《易经》《道德经》《中庸》的选文,阐述的都是中国智慧。学习这些选文的意义在于:读《易经》选文可以使人明白事物的发展趋势,进而早做准备以便掌握做事的先机;读《道德经》选文可以使人学会反向思维,进而从不利局面中发现有利因素;读《中庸》选文可以使人学会"中道"思维,进而引导人做事的思路尽可能在事物规律之中。

一、《易经》十二则

（一）上　　九

上九，亢龙有悔。（《周易·乾卦》）

龙飞得过高，必将造成后悔之事。

（二）《象》曰：天行健

《象》曰：天行健，君子以自强不息。（《周易·乾卦》）

天道的特点是永远不停地运动变化，谁也不能阻挡，君子要顺应天道，自立自强，奋发向上，永不松懈。

（三）居上位而不骄

居上位而不骄，在下位而不忧。故乾坤因其时而惕，虽危无咎矣。（《周易·乾卦》）

身居高位而不骄傲，屈居人下而不忧愁。所以说自强不息而又随时反省，虽面临危险而无灾祸。

（四）同声相应

同声相应，同气相求，水流湿，火就燥，云从龙，风从虎，各从其类也。（《易经·乾卦》）

同样的声调能产生共鸣，同样的气息能相互吸引。水往低湿的地方流，火往干燥的地方烧，云随龙而出，风从虎而现，说明天下万物都是亲附同类的。

（五）君子学以聚之

君子学以聚之，问以辩之，宽以居之，仁以行之。（《乾卦·象传》）

君子通过学习来积累知识，通过讨论来明辨事理，用宽厚的态度来处事，用仁义来行事。

（六）积善之家

积善之家，必有余庆；积不善之家，必有余殃。（《周易·坤卦》）

长期做好事的家庭,福祉定会传到后代;长期不做好事的家庭,祸害一定会殃及子孙。

(七)劳谦君子

劳谦君子,万民服也。(《周易·谦卦》)

劳苦功高而又谦逊的君子,得到了百姓的敬服。

(八)地 势 坤

地势坤,君子以厚德载物。(《周易·坤卦》)

地的气势厚实温顺,君子应效法大地以深厚的德行来包容万物。

(九)冥豫在上

冥豫在上,何可长也?(《周易·豫卦》)

昏昏沉沉地贪图于安乐,这种局面怎能长久保持下去呢?

（十）同人于宗

同人于宗，吝道也。（《易经·同人》）

团结限于宗族内部，说明秉持的是小道理。

（十一）天 与 火

天与火，同人。君子以类族辨物。（《易经·同人》）

天与火在一起象征团结，君子因此要分析各种人的是非善恶，辨别事物的差别同异。

（十二）《象》曰：饮酒濡道

《象》曰：饮酒濡道，亦不知节也。

《象传》说饮酒弄得满头是酒，说明放纵没有节制。

二、《道德经》三十则

（一）上善若水

上善若水，水善利万物而不争。（《道德经》第八章）

最善良的品性如同水一样，水是天地间善的极致，给万物提供滋养，而自己却安居其下而不与之争。

（二）不 自 见

不自见，故明；不自是，故彰；不自伐，故有功；不自矜，故长。夫惟不争，故天下莫能与之争。（《道德经》第二十二章）

不只看到自己，便能更明了世事；不自以为是，反而能更彰显自己；不自我夸耀，反而能成就功业；不自高自大，所以能长期有所长进；因为不争，所以天下都难与之争。

（三）天长、地久

天长、地久，天地所以能长且久者，以其不自生，故能长生。（《道德经》第七章）

天地长久，天地之所以能长久，是因为其自然而生，所以能够长久生存。

（四）飘风不终朝

飘风不终朝，骤雨不终日。（《道德经》第二十三章）

狂暴的飓风刮不了一早晨，倾盆大雨下不了一天。

（五）五色令人目盲

五色令人目盲，五音令人耳聋，五味令人口爽，驰骋畋猎，令人心发狂，难得之货令人行妨。（《道德经》第十二章）

五颜六色使人眼花缭乱，五音（铿锵）使人听觉不敏，五味悦口使人口味败坏，驰马打猎使人心发狂，珍贵的财物使人偷和抢。

（六）持而盈之

持而盈之，不如其已。揣而锐之，不可长保。金玉满堂，莫之能守。富贵而骄，自遗（wèi）其咎。（《道德经》第九章）

把持拥有得多多的，不如适可而止。锤尖了又从而磨得锋利无比，不可能保持长久。满堂都是金玉，却无法永久地守藏。身处富贵而又骄纵无度，只能自取灾殃。

（七）曲　则　全

曲则全，枉则直；洼则盈，敝则新；少则得，多则惑。（《道德经》第二十二章）

委曲反能求全，弯曲则能伸直；低洼反能充盈，破旧反能成新；少取反能多得，贪多反而迷惑。

（八）致　虚　极

致虚极，守静笃，万物并作，吾以观其复。（《道德经》第十六章）

使心灵达到虚的极致，坚守住静的妙境，就能从万物的变化中看到大道的存在。

（九）见素抱朴

见素抱朴，少私寡欲。（《道德经》第十九章）

保持本质淳朴无华，减少私心贪欲（就能为道无忧）。

（十）信不足焉

信不足焉，有不信焉。（《道德经》第二十三章）

诚信不足，就会失去信任。

（十一）道常无为

道常无为，而无不为。（《道德经》第三十七章）

大道永远顺应自然而无为，但没有一件事不是它所为。

（十二）企者不立

企者不立，跨者不行。自见者不明，自是者不彰。自伐者无功，自矜者不长。（《道德经》第二十四章）

踮起脚跟不能久立,跨步过大无法远行。自以为有见识的人反而不明白,自以为是的人是非不分。自我炫耀的人不能见功,自高自大的人不会有长进。

(十三)人 法 地

人法地,地法天,天法道,道法自然。(《道德经》第二十五章)

人取法地,地取法天,天取法道,道纯任自然。

(十四)轻 则 失 根

轻则失根,躁则失君。(《道德经》第二十六章)

轻率就会失去根本,躁动就会失去主宰。

(十五)物 壮 则 老

物壮则老。(《道德经》第三十章)

事物达到强盛之时,也就走向衰老。

（十六）将欲翕之

将欲翕（xī）之，必固张之。将欲弱之，必固强之。将欲废之，必固兴之。将欲夺之，必固予之。（《道德经》第三十六章）

要让其收缩，必先让其张大。要使其削弱，就先加强它。要废除它，就先让它兴盛。要想夺取它，就先给予它。

（十七）知人者智

知人者智，自知者明。胜人者有力，自胜者强。知足者富，强行者有志。（《道德经》第三十三章）

能了解别人的称为机智，能认识自己的才叫聪明。能战胜别人只能说明有力气，战胜自己才叫刚强。知道满足的人就会觉得自己富有，身体力行的人才有远大的志向。

（十八）大方无隅

大方无隅，大器晚成，大音希声，大象无形。（《道德经》第四十一章）

最方正的东西却看不到它的棱角，越贵重的器具做得越慢，最大的声音听不到声音，最大的形象没有形迹。

（十九）天下之至柔

天下之至柔，驰骋天下之至坚。（《道德经》第四十三章）

天下最柔软的东西，反而能驰骋穿越天下最坚硬的东西。

（二十）甚爱必大费

甚爱必大费，多藏必厚亡。知足不辱，知止不殆，可以长久。（《道德经》第四十四章）

过分爱惜名声必带来大的损伤，过多地积聚财物，必定给自己带来不幸。知足的人就不会遭受耻辱，知道适可而止，就不会给自己带来危险，这样才可以长久平安。

（二十一）以正治国

以正治国，以奇用兵，以无事取天下。（《道德经》第五十七章）

以正道治国，以奇计用兵，与民休息安定民心才能臣服天下。

（二十二）见小曰明

见小曰明，守柔曰强。（《道德经》第五十二章）

察见几微叫作明，守持柔弱叫作强。

（二十三）大成若缺

大成若缺，其用不弊。大盈若冲，其用不穷。大直若屈，大巧若拙，大辩若讷（nè）。（《道德经》第四十五章）

最完善的，总让人感到有什么缺失的地方，但它的作用永不衰竭。最充盈的好像空虚，它的作用没有穷尽。最正直的好似弯曲，最灵巧的好似拙笨，最善辩的却好像不善言辞。

（二十四）祸兮福之所倚

祸兮福之所倚，福兮祸之所伏。（《道德经》第五十八章）

祸啊，福就依傍着它；福啊，灾祸就隐含其中。

（二十五）治大国若烹小鲜

治大国若烹小鲜。（《道德经》第六十章）

治理大国就像烹煮小鱼（一样的道理）。

（二十六）图难于其易

图难于其易，为大于其细。（《道德经》第六十三章）

处理困难的事，要从容易的地方入手，做大事要从细微处做起。

（二十七）天下难事

天下难事，必作于易；天下大事，必作于细。（《道德经》第六十三章）

天下的难事，必定发生于容易；天下的大事，必定起于细微。

（二十八）为之于未有

为之于未有，治之于未乱。（《道德经》第六十四章）

做事要做在事情没有发生之前,处理祸乱一定要在祸乱发生之前。

(二十九)合抱之木

合抱之木,生于毫末;九层之台,起于累土;千里之行,始于足下。(《道德经》第六十四章)

合抱的大树,是从幼芽开始生长起来的;九层的高台,是用一筐筐土积累而成的;千里远行,也是从脚下一步步走出来的。

(三十)慎终如始

慎终如始,则无败事。(《道德经》第六十四章)

对待结束时的工作,还像开始时一样认真,则做任何事都没有不成功的。

三、《中庸》十二则

（一）天命之谓性

天命之谓性，率（shuài）性之谓道，修道之谓教。

自然形成的禀赋叫作人性，遵循各自的人性叫作道，修明并推广这些道叫作教化。

（二）中 也 者

中也者，天下之大本也。和也者，天下之达道也。

"中"是天下的大本源。"和"是天下的普遍规律。

（三）君子中庸

君子中庸，小人反中庸。

君子的所作所为能符合中庸之道,小人的所作所为则违背中庸之道。

(四)天下国家可均也

天下国家可均也,爵禄可辞也,白刃可蹈也,中庸不可能也。

天下和国家是可以平定治理的,爵位和俸禄是可以推辞的,明晃晃的快刀是可以踩踏的,但中庸之道却是很难做到的。

(五)故君子和而不流

故君子和而不流。

所以君子性格平和而不随波逐流。

(六)君子遵道而行

君子遵道而行,半途而废,吾弗能已矣。

君子依据中庸之道行事,有的人却半途而废,可是我却不能中途中止。

（七）上不怨天

上不怨天，下不尤人。故君子居易以俟命，小人行险以徼幸。

对上不抱怨老天，对下不责怪别人。所以，君子处在安全的地位而等待天命，小人则冒险以期侥幸成功。

（八）或生而知之

或生而知之，或学而知之，或困而知之，及其知之一也。

有的人天生就明白这些道理，有的人通过后天学习才明白这些道理，有的人则是遇到困惑之后、经过磨难后才明白这些道理，无论是哪种情况，他们最终明白这些道理的结果是一样的。

（九）好学近乎知

好学近乎知，力行近乎仁，知耻近乎勇。

好学不倦就接近明智了，努力行善就接近仁义了，懂得耻辱就接近勇敢了。

（十）凡事豫则立

凡事豫则立，不豫则废。

凡事预先做好准备就能成功，没有准备就会失败。

（十一）博 学 之

博学之，审问之，慎思之，明辨之，笃行之。

要广博地学习，要审慎地询问，要谨慎地思虑，要明晰地辨析，要笃实地履行。

（十二）愚而好自用

愚而好自用，贱而好自专。

愚蠢的人，喜欢凭主观意愿做事，自以为是，卑贱的人，喜欢独断专行。

第三模块　济　世　篇

　　这个模块用"济世"作题目，意思就是要能够成功做事，贡献社会。作为中国文化背景中的完美人格的要求，一个人不仅要有儒家"爱别人"的美德，而且要有超越群伦的智慧，还要有能够成功做事的行动能力。这样，才能做到"知行合一"。

　　以下的《孙子兵法》《弟子规》选文，都是讲如何才能成功做事的。《孙子兵法》选文可以教导成年人采用哪些具体方法来获得竞争的最后胜利，现实意义很大，可以帮助人实现"兼济天下"的理想。《弟子规》选文则是教导小孩子养成怎样的言行举止，才可以打下长大后成功做事的人格修养基础，即使大学生也会受益匪浅。

一、《孙子兵法》三十四则

（一）孙子曰：兵者，国之大事

孙子曰：兵者，国之大事，死生之地，存亡之道，不可不察也。（《孙子兵法·始计篇》）

 译文

孙子说：战争是一个国家的头等大事，关系到军民的生死、国家的存亡，不能不慎重周密地观察、分析、研究。

（二）故经之以五事

故经之以五事，校（jiào）之以计，而索其情。（《孙子兵法·始计篇》）

 译文

因此，必须通过敌我双方五个方面的分析、七种情况的比较，得到详情，来预测战争胜负的可能性。

（三）一曰道

一曰道，二曰天，三曰地，四曰将，五曰法。（《孙子兵法·始计篇》）

一是道，二是天，三是地，四是将，五是法。

（四）故校之以计

故校之以计，而索其情，曰：主孰有道？将孰有能？天地孰得？法令孰行？兵众孰强？士卒孰练？赏罚孰明？吾以此知胜负矣。（《孙子兵法·始计篇》）

所以，要通过对双方各种情况的考察分析，并据此加以比较，从而来预测战争胜负。哪一方的君主是有道明君，能得民心？哪一方的将领更有能力？哪一方占有天时地利？哪一方的法规、法令更能严格执行？哪一方资源更充足，装备更精良，兵员更广大？哪一方的士兵训练更有素，更有战斗力？哪一方的赏罚更公正严明？通过这些比较，我就知道了胜负。

（五）将听吾计

将听吾计，用之必胜，留之；将不听吾计，用之必败，去之。（《孙子兵法·始计篇》）

将领听从我的计策,任用他必胜,我就留下他;将领不听从我的计策,任用他必败,我就辞退他。

(六)兵者,诡道也

兵者,诡道也。故能而示之不能,用而示之不用,近而示之远,远而示之近。利而诱之,乱而取之,实而备之,强而避之,怒而挠之,卑而骄之,佚(yì)而劳之,亲而离之。攻其无备,出其不意。此兵家之胜,不可先传也。(《孙子兵法·始计篇》)

用兵作战,就是诡诈。因此,有能力而装作没有能力,实际上要攻打而装作不攻打,欲攻打近处却装作攻打远处,攻打远处却装作攻打近处。对方贪利就用利益诱惑他,对方混乱就趁机攻取他,对方强大就要防备他,对方暴躁易怒就可以撩拨他怒而失去理智,对方自卑而谨慎就使他骄傲自大,对方体力充沛就使其劳累,对方内部亲密团结就挑拨离间。要攻打对方没有防备的地方,在对方没有料到的时机发动进攻。这些都是军事家克敌制胜的诀窍,不可先传世于人也。

(七)夫未战而庙算胜者

夫未战而庙算胜者,得算多也;未战而庙算不胜者,得算少也。多算胜,少算不胜,而况于无算乎?吾以此观之,胜负见矣。(《孙子兵法·始计篇》)

在未战之前，经过周密的分析、比较、谋划，如果结论是我方占据的有利条件多，有八九成的胜利把握；或者如果结论是我方占据的有利条件少，只有六七成的胜利把握，则只有前一种情况在实战时才可能取胜。如果在战前干脆就不做周密的分析、比较，或分析、比较的结论是我方只有五成以下的胜利把握，那在实战中就不可能获胜。仅根据庙算的结果，不用实战，胜负就显而易见了。

（八）孙子曰：夫用兵之法

孙子曰：夫用兵之法，全国为上，破国次之；全军为上，破军次之；全旅为上，破旅次之；全卒为上，破卒次之；全伍为上，破伍次之。是故百战百胜，非善之善者也；不战而屈人之兵，善之善者也。（《孙子兵法·谋攻篇》）

孙子说："战争的原则是：使敌人举国降服是上策，用武力击破敌国就次一等；使敌人全军降服是上策，击败敌军就次一等；使敌人全旅降服是上策，击破敌旅就次一等；使敌人全卒降服是上策，击破敌卒就次一等；使敌人全伍降服是上策，击破敌伍就次一等。所以，百战百胜，算不上是最高明的；不通过交战就降服全体敌人，才是最高明的。"

（九）故上兵伐谋

故上兵伐谋，其次伐交，其次伐兵，其下攻城。攻城之法为不得已。

修橹轒(fén)辒(wēn),具器械,三月而后成;距堙(yīn),又三月而后已。将不胜其忿(fèn)而蚁附之,杀士三分之一而城不拔者,此攻之灾也。(《孙子兵法·谋攻篇》)

所以,上等的军事行动是用谋略挫败敌方的战略意图或战争行为,其次就是用外交战胜敌人,再次是用武力击败敌军,最下之策是攻打敌人的城池。攻城,是不得已而为之,是没有办法的办法。制造大盾牌和四轮车,准备攻城的所有器具,起码得三个月。堆筑攻城的土山,起码又得三个月。如果将领难以抑制焦躁情绪,命令士兵像蚂蚁一样爬墙攻城,尽管士兵死伤三分之一,而城池却依然没有攻下,这就是攻城带来的灾难。

(十)故用兵之法,十则围之

故用兵之法,十则围之,五则攻之,倍则分之,敌则能战之,少则能逃之,不若则能避之。故小敌之坚,大敌之擒也。(《孙子兵法·谋攻篇》)

所以,在实际作战中运用的原则是:我十倍于敌,就实施围歼,五倍于敌就实施进攻,两倍于敌就要努力战胜敌军,势均力敌则设法分散各个击破之。兵力弱于敌人,就避免作战。所以,弱小的一方若死拼固守,就会成为强大敌人的俘虏。

（十一）夫将者，国之辅也

夫将者，国之辅也。辅周，则国必强；辅隙，则国必弱。

故君之所以患于军者三：不知军之不可以进而谓之进，不知军之不可以退而谓之退，是谓"縻军"；不知三军之事，而同三军之政者，则军士惑矣；不知三军之权，而同三军之任，则军士疑矣。三军既惑且疑，则诸侯之难至矣。是谓"乱军引胜"。（《孙子兵法·谋攻篇》）

将帅，国家之辅助也。辅助之谋缜密周详，则国家必然强大；辅助之谋疏漏失当，则国家必然衰弱。

所以，国君对军队的危害有三种：不知道军队不可以前进而下令前进，不知道军队不可以后退而下令后退，这叫作束缚军队；不知道军队的战守之事、内部事务而同理三军之政，将士们会无所适从；不知道军队战略战术的权宜变化，却干预军队的指挥，将士就会疑虑。军队既无所适从，又疑虑重重，诸侯就会趁机兴兵作难。这就是自乱其军，坐失胜机。

（十二）故知胜有五

故知胜有五：知可以战与不可以战者胜，识众寡之用者胜，上下同欲者胜，以虞（yú）待不虞者胜，将能而君不御者胜。此五者，知胜之道也。（《孙子兵法·谋攻篇》）

所以，预见胜利有五个方面：能准确判断仗能打或不能打的，胜；

知道根据敌我双方兵力的多少采取对策者,胜;全国上下,全军上下,意愿一致、同心协力的,胜;以有充分准备来对付毫无准备的,胜;主将精通军事、精于权变,君主又不加干预的,胜。以上就是预见胜利的方法。

(十三)故曰:知彼知己者

故曰:知彼知己者,百战不殆;不知彼而知己,一胜一负;不知彼,不知己,每战必殆。(《孙子兵法·谋攻篇》)

所以说:了解敌方也了解自己,每一次战斗都不会有危险;不了解对方但了解自己,胜负的概率为半;既不了解对方,又不了解自己,每战必败。

(十四)孙子曰:昔之善战者

孙子曰:昔之善战者,先为不可胜,以待敌之可胜。不可胜在己,可胜在敌。故善战者,能为不可胜,不能使敌之必可胜。故曰:胜可知,而不可为。(《孙子兵法·军形篇》)

孙子说:以前善于用兵作战的人,总是首先创造自己不可战胜的条件,并等待可以战胜敌人的机会。使自己不被战胜,其主动权掌握在自己手中;敌人能否被战胜,在于敌人是否给我们可乘之机。所以,善于作战的人只会使自己不被战胜,而不能使敌人一定会被我军战胜。

所以说,胜利可以预见,却不能强求。

(十五)不可胜者

不可胜者,守也;可胜者,攻也。守则不足,攻则有余。善守者,藏于九地之下;善攻者,动于九天之上。故能自保而全胜也。(《孙子兵法·军形篇》)

敌人无可乘之机,不能被战胜,且防守以待之;敌人有可乘之机,能够被战胜,则出奇攻而取之。防守是因为我方兵力不足,进攻是因为兵力超过对方。善于防守的,隐藏自己的兵力如同在深不可测的地下;善于进攻的部队就像从天而降,敌不及防。这样,才能保全自己而获得全胜。

(十六)见胜不过众人之所知

见胜不过众人之所知,非善之善者也;战胜而天下曰善,非善之善者也。故举秋毫不为多力,见日月不为明目,闻雷霆不为聪耳。古之所谓善战者,胜于易胜者也。故善战者之胜也,无智名,无勇功。故其战胜不忒(tè),不忒者,其所措必胜,胜已败者也。故善战者,立于不败之地,而不失敌之败也。(《孙子兵法·军形篇》)

预见胜利不能超过平常人的见识,算不上最高明;交战而后取胜,即使天下都称赞,也算不上最高明。正如举起秋毫称不上力大,能看见日月算不上视力好,听见雷鸣算不上耳聪。古代所谓善于用兵的人,只是战胜了那些容易战胜的敌人。所以,真正善于用兵的人,没有智慧过人的名声,没有勇武盖世的战功。而他既能打胜仗又不出任何闪失,原因在于其谋划、措施能够保证,他所战胜的是已经注定失败的敌人。所以善于打仗的人,不但使自己始终处于不被战胜的境地,也绝不会放过任何可以击败敌人的机会。

(十七)是故胜兵先胜而后求战

是故胜兵先胜而后求战,败兵先战而后求胜。(《孙子兵法·军形篇》)

所以,打胜仗的军队总是在具备必胜的条件之后才交战,而打败仗的部队总是先交战,在战争中企图侥幸取胜。

(十八)兵法:一曰度

兵法:一曰度,二曰量,三曰数,四曰称,五曰胜。地生度,度生量,量生数,数生称,称生胜。(《孙子兵法·军形篇》)

兵法:一是度,即估算土地的面积;二是量,即推算物资资源的容量;三是数,即统计兵源的数量;四是称,即比较双方的军事综合实力;五是胜,即得出胜负的判断。土地面积的大小决定物力、人力资源的容量,资源的容量决定可投入部队的数目,部队的数目决定双方兵力的强弱,双方兵力的强弱得出胜负的概率。

（十九）故胜兵若以镒称铢

故胜兵若以镒（yì）称铢（zhū），败兵若以铢称镒。称胜者之战民也，若决积水于千仞之溪者，形也。（《孙子兵法·军形篇》）

获胜的军队对于失败的一方就如同用"镒"来称"铢"，具有绝对优势，而失败的军队对于获胜的一方就如同用"铢"来称"镒"。胜利者一方打仗，就像积水从千仞高的山涧冲决而出，势不可当，这就是军事实力的表现。

（二十）孙子曰：凡治众如治寡

孙子曰：凡治众如治寡，分数是也；斗众如斗寡，形名是也；三军之众，可使必受敌而无败者，奇正是也；兵之所加，如以碬（duàn）投卵者，虚实是也。（《孙子兵法·兵势篇》）

孙子说：治理大军团就像治理小部队一样有效，是依靠合理的组织、结构、编制；指挥大军团作战就像指挥小部队作战一样到位，是依靠明确、高效的信号指挥系统；整个部队与敌对抗而不会失败，是依靠正确运用"奇正"的变化；攻击敌军，如同用石头砸鸡蛋一样容易，关键在于以实击虚。

（二十一）凡　战　者

凡战者，以正合，以奇胜。故善出奇者，无穷如天地，不竭如江海。（《孙子兵法·兵势篇》）

大凡作战，都是以正兵作正面交战，而用奇兵去出奇制胜的。善于运用奇兵的人，其战法的变化就像天地运行一样无穷无尽，像江海一样永不枯竭。

（二十二）激水之疾

激水之疾，至于漂石者，势也；鸷（zhì）鸟之疾，至于毁折者，节也。故善战者，其势险，其节短。势如扩弩，节如发机。（《孙子兵法·兵势篇》）

湍急的流水之所以能漂动大石，是因为它产生了巨大冲击力的势能；猛禽搏击雀鸟，一举可置对手于死地，是因为它掌握了最有利于爆发冲击力的时空位置，节奏迅猛。所以善于作战的指挥者，它所造成的态势是险峻的，进攻的节奏是短促有力的。"势险"就如同满弓待发的弩那样蓄势，"节短"正如张开弩机那样突然。

（二十三）纷纷纭纭

纷纷纭纭，斗乱而不可乱；浑浑沌沌，形圆而不可败。乱生于治，

怯生于勇，弱生于强。治乱，数也；勇怯，势也；强弱，形也。（《孙子兵法·兵势篇》）

旌旗纷纷，人马纭纭，双方混战，战场上事态万端，但自己的指挥、组织、阵脚不能乱；混混沌沌，迷迷蒙蒙，两军搅作一团，但胜利在我把握之中。双方交战，一方之乱，是因为对方治军更严整；一方怯懦，是因为对方更勇敢；一方弱小，是因为对方更强大。军队治理有序或者混乱，在于其组织编制；士兵勇敢或者胆怯，在于部队所营造的态势和声势；军力强大或者弱小，在于部队日常训练所造就的内在实力。

（二十四）故善动敌者

故善动敌者，形之，敌必从之；予之，敌必取之。以利动之，以卒待之。故善战者，求之于势，不责于人故能择人而任势。任势者，其战人也，如转木石。木石之性，安则静，危则动，方则止，圆则行。

故善战人之势，如转圆石于千仞之山者，势也。（《孙子兵法·兵势篇》）

善于调动敌军的人，向敌军展示一种或真或假的军情，敌军必然据此判断而跟从；给予敌军一点实际利益作为诱饵，敌军必然趋利而来，从而听我调动。一方面用这些办法调动敌军，一方面要严阵以待。所以，善战者追求形成有利的"势"，而不是苛求士兵，因而能选择人才去适应和利用已形成的"势"。善于创造有利"势"的将领，指挥部队作战就像转动木头和石头。木石的性情是处于平坦地势上就静止不动，处于陡峭的斜坡上就滚动，方形容易静止，圆形容易滚动。所以，善于指挥打仗的人所造就的"势",就像让圆石从极高极陡的山上滚下来一样,来势凶猛。这就是所谓的"势"。

(二十五)孙子曰:凡先处战地而待敌者佚

孙子曰:凡先处战地而待敌者佚(yì),后处战地而趋战者劳。故善战者,致人而不致于人。(《孙子兵法·虚实篇》)

孙子说,大凡先期到达战地等待敌军的就精力充沛、主动安逸,而后到达战地匆忙投入战斗的就被动劳累。所以,善战者调动敌人而决不为敌人所调动。

(二十六)出其所不趋

出其所不趋,趋其所不意。行千里而不劳者,行于无人之地也;攻而必取者,攻其所不守也。守而必固者,守其所不攻也。故善攻者,敌不知其所守;善守者,敌不知其所攻。微乎微乎,至于无形;神乎神乎,至于无声,故能为敌之司命。(《孙子兵法·虚实篇》)

通过敌人不设防的地区进军,在敌人预料不到的时间,向敌人预料不到的地点攻击。进军千里而不疲惫,是因为走在敌军无人抵抗或无力抵抗的地区,如入无人之境;进攻就一定会获胜,是因为攻击的是敌人疏于防守的地方。防守一定要稳固,是因为守住了敌人一定会进攻的地方。所以善于进攻的,能做到使敌方不知道在哪儿防守,不知道怎样防守；而善于防守的，使敌人不知道从哪儿进攻，不知怎样进攻。深奥啊，精妙啊，竟然见不到一点形迹；神奇啊，玄妙啊，居然不漏出一点消息，所以能成为敌人命运的主宰。

（二十七）进而不可御者

进而不可御者，冲其虚也；退而不可追者，速而不可及也。（《孙子兵法·虚实篇》）

进攻时，敌人无法抵御，那是因为攻击了敌人兵力空虚的地方；撤退时，敌人无法追击，那是因为行动迅速敌人无法追上。

（二十八）夫兵形象水

夫兵形象水，水之形，避高而趋下，兵之形，避实而击虚。水因地而制流，兵因敌而制胜。故兵无常势，水无常形，能因敌变化而取胜者，谓之神。（《孙子兵法·虚实篇》）

军队的态势好像流水，水的流动总是从高处流向低处，军队的态势总是避开敌人的坚实之处进攻其虚懈之处。流水根据地势而决定流向，军队根据敌人而决定取胜的方略。所以军队没有固定不变的态势，流水也没有固定的形状，能够根据敌人的变化去夺取胜利的人，叫作"神"。

（二十九）孙子曰：凡用兵之法

孙子曰：凡用兵之法，将受命于君，合军聚众。泛地无舍，衢（qú）地合交，绝地无留，围地则谋，死地则战，途有所不由，军有所不击，城有所不攻，地有所不争，君命有所不受。（《孙子兵法·九变篇》）

孙子说：用兵的原则，是接受国君的命令，召集人马组建军队。在难于通行之地不要驻扎，在四通八达的交通要道应与四邻结交，在难以生存的地区不要停留，要赶快通过，在四周有险阻且容易被包围的地区要精于谋划，误入死地则须坚决作战。有的道路不要走，有些敌军不要攻，有些城池不要占，有些地域不要争，君主的某些命令也可以不接受。

（三十）故将通于九变之利者

故将通于九变之利者，知用兵矣；将不通九变之利者，虽知地形，不能得地之利矣；治兵不知九变之术，虽知五利，不能得人之用矣。（《孙子兵法·九变篇》）

所以将帅精通"九变"的具体运用，就是真懂得用兵了；将帅不精通"九变"的具体运用，就算熟悉地形，也不能获得有利的地形；指挥作战如果不懂"九变"的方法，即使知道"五利"，也不能充分发挥部队的战斗力。

（三十一）是故智者之虑

是故智者之虑，必杂于利害。杂于利而务可信也，杂于害而患可解也。是故屈诸侯者以害，役诸侯者以业，趋诸侯者以利。（《孙子兵法·九变篇》）

智慧明达的将帅考虑问题时，必然会将利与害一起权衡。在考虑不利条件时，同时考虑有利条件，大事就能顺利进行，在看到有利因素的同时考虑不利因素，祸患就可以排除。因此，用最令人头痛的事使敌国屈服，用复杂的事变使敌国穷于应付，以利益为钓饵引诱敌国疲于奔命。

（三十二）故用兵之法，无恃其不来

故用兵之法，无恃其不来，恃吾有以待也；无恃其不攻，恃吾有所不可攻也。（《孙子兵法·九变篇》）

所以用兵的原则是，不抱敌人不会来的侥幸心理，而要依靠我方充分准备，严阵以待；不抱敌人不会攻击的侥幸心理，而要依靠我方坚不可摧的防御，不会被战胜。

（三十三）故将有五危

故将有五危，必死可杀，必生可虏，忿速可侮，廉洁可辱，爱民可烦。凡此五者，将之过也，用兵之灾也。覆军杀将，必以五危，不可不察也。（《孙子兵法·九变篇》）

所以,将领有五种致命的弱点,坚持死拼硬打,可能招致杀身之祸,临阵畏缩,贪生怕死,则可能被俘,性情暴躁易怒,可能受敌轻侮而失去理智,过分洁身自好,珍惜声名,可能会被羞辱引发冲动,由于爱护民众,受不了敌方的扰民行动而不能采取相应的对敌行动。所有这五种情况,都是将领最容易患的过失,是用兵的灾难。军队覆没,将领牺牲,必定是因为这五种危害,因此一定要认识这五种危害的严重性。

(三十四)故曰:明主虑之

故曰:明主虑之,良将修之。非利不动,非得不用,非危不战。主不可以怒而兴师,将不可以愠(yùn)而致战;合于利而动,不合于利而止。怒可以复喜,愠可以复说(yuè);亡国不可以复存,死者不可以复生。故明君慎之,良将警之。此安国全军之道也。(《孙子兵法·火攻篇》)

所以说:明智的国君要慎重地考虑这个问题,贤良的将帅要严肃地对待这个问题。没有好处不要行动,没有取胜的把握不能用兵,不到危急关头不要开战。国君不可因一时愤怒而发动战争,将帅不可因一时的气愤而出阵求战;符合国家利益才用兵,不符合国家利益就停止。愤怒还可以重新变为欢喜,气愤也可以重新转为高兴;但是国家灭亡了就不能复存,人死了也不能再生。所以,对待战争,明智的国君应该慎重,贤良的将帅应该警惕。这是安定国家和保全军队的基本道理。

二、《弟子规》三十七则

（一）弟 子 规

弟子规，圣人训。首孝悌，次谨信。泛爱众，而亲仁。有余力，则学文。（《弟子规·总序》）

《弟子规》这本书是依据孔子的教诲编成的，其中提出了许多生活规范。在日常生活中，首先要做到孝顺父母，友爱兄弟姊妹。其次，言语行为要小心谨慎，诚实无欺。和大众相处时要平等博爱，并且亲近有仁德的人，向他们学习。如果这些事情做了之后，还有多余的时间、精力，就应该好好地学习典籍，以获得有益的学问。

（二）父 母 呼

父母呼，应勿缓。父母命，行勿懒。（《弟子规·入则孝》）

当父母呼唤的时候，应当即刻答应，不能迟缓。父母交代的事，应当立即去做，不能拖延偷懒。

（三）朝 早 起

朝早起，夜眠迟。老易至，惜此时。（《弟子规·次谨信》）

清晨要早起，晚上要迟一些睡。人生易老，每个人都要珍惜此刻的宝贵时光。

（四）对 饮 食

对饮食，勿拣择。食适可，勿过则。（《弟子规·次谨信》）

对于饮食，不要挑挑拣拣。吃饭时要适可而止，不能超过平常的饭量。

（五）年 方 少

年方少，勿饮酒。饮酒醉，最为丑。（《弟子规·次谨信》）

血气方刚的年龄，千万不要贪杯喝酒。因为一旦喝醉了，就会丑态百出而丢脸。

（六）步 从 容

步从容，立端正。揖（yī）深圆，拜恭敬。（《弟子规·次谨信》）

走路时要不紧不慢从容大方,站立时要端正直立。作揖行礼时要将身子弯下去,行叩拜礼时要表现得恭恭敬敬。

(七)事勿忙

　　事勿忙,忙多错。勿畏难,勿轻略。(《弟子规·次谨信》)

　　做事不能匆匆忙忙,匆忙时最容易出差错。做事时不要畏惧困难,也不要草率地对待看似简单的事。

(八)斗闹场

　　斗闹场,绝勿近。邪避(pì)事,绝勿问。(《弟子规·次谨信》)

　　凡是打架闹事的场合,绝对不能靠近。凡是不正经的事情,绝对不去过问涉足。

(九)用人物

　　用人物,须明求。倘不问,即为偷。(《弟子规·次谨信》)

　　使用别人的东西,必须明确当面提要求,以征求别人同意。假如不问一声就拿去，这就是偷窃。

（十）借 人 物

借人物，及时还。人借物，有勿悭（qiān）。（《弟子规·次谨信》）

借了别人的东西，要在约定的时间归还。别人向你借东西，只要自己有的话就应当答应，不要小气不借。

（十一）凡 出 言

凡出言，信为先。诈与妄，奚可焉？（《弟子规·次谨信》）

凡是说话，首先要讲求信用。欺骗蒙混，胡言乱语，这怎么可以呢？

（十二）说 话 多

说话多，不如少。惟其是，勿佞（nìng）巧。（《弟子规·次谨信》）

说话多，不如少说。因为言多必失，说的话只要切题恰当，切忌花言巧语。

（十三）见 未 真

见未真，勿轻言。知未的，勿轻传。（《弟子规·次谨信》）

对于自己完全没有看清楚的事，不要随便乱说。对于自己没有明确了解的事，不要轻易去传播。

（十四）事 非 宜

事非宜，勿轻诺。苟轻诺，进退错。（《弟子规·次谨信》）

对于不妥当的事情，不能随便答应别人。假如你轻易许诺，就会处在做也是错不做也是错的两难境地。

（十五）见 人 善

见人善，即思齐。纵去远，以渐跻（jī）。（《弟子规·次谨信》）

看到别人的善行，就要向他看齐。即使和他相差很远，只要自己努力去做，也会渐渐赶上他。

（十六）见 人 恶

见人恶，即内省。有则改，无则警。（《弟子规·次谨信》）

看见别人做了坏事，就要自我反省。如果发现自己有错误就要加以改正，即使没有做错事也要自我警惕。

（十七）惟 德 学

惟德学，惟才艺，不如人，当自勉。（《弟子规·次谨信》）

只有品德、学问、才能、技艺不如别人的时候，才应当自我勉励，发愤赶上别人。

（十八）闻 过 怒

闻过怒，闻誉乐。损友来，益友却。（《弟子规·次谨信》）

听到别人说自己的缺点就生气，听到别人恭维自己就高兴。如果这样，不好的朋友就会与你交往，有益的朋友就会与你断交。

（十九）闻　誉　恐

闻誉恐，闻过欣。直谅士，渐相亲。（《弟子规·次谨信》）

听到别人恭维自己就感到惶恐不安，听到别人指出自己的过错就欣然接受。如果这样，那些正直诚实的人，就会渐渐与你亲近起来。

（二十）无　心　非

无心非，名为错。有心非，名为恶。（《弟子规·次谨信》）

如果无意中做了坏事，这就叫"错"。如果是有意地为非作歹，这就叫"恶"。

（二十一）过　能　改

过能改，归于无。倘掩饰，增一辜。（《弟子规·次谨信》）

犯了错误却能够改正错误，就等于没有做过错事一样。假如犯了错误还要加以掩饰，那就是错上加错。

（二十二）凡 是 人

凡是人，皆须爱。天同覆，地同载。（《弟子规·泛爱众》）

无论什么人，都必须互相关心和爱护。因为我们生活在同一片蓝天下，生活在同一个地球上。

（二十三）行 高 者

行高者，名自高。人所重，非貌高。（《弟子规·泛爱众》）

一个行为高尚的人，他的名望自然会高。人们所重视的，并不是相貌的漂亮。

（二十四）才 所 大

才所大，望自大。人所服，非言大。（《弟子规·泛爱众》）

一个才学丰富的人，他的名声自然会大。人们所佩服的是有真才实学的人而不是自吹自擂的人。

（二十五）勿 谄 富

勿谄（chǎn）富，勿骄贫。勿厌故，勿喜新。（《弟子规·泛爱众》）

不要曲意巴结有钱的人，不要对穷人骄横无礼。不要厌弃故交老友，不要只喜欢新交的朋友。

（二十六）人 有 短

人有短，切莫揭。人有私，切莫说。（《弟子规·泛爱众》）

发现了别人的短处，千万不要揭发出来。发现了别人的隐私，绝对不要说出去。

（二十七）善 相 劝

善相劝，德皆建。过不规，道两亏。（《弟子规·泛爱众》）

看到别人的的长处要给予鼓励，这对双方的品德都有益处。看到别人的过失不加规劝，这对双方而言，在道义上都是一种亏损。

（二十八）凡 取 与

凡取与，贵分晓。与宜多，取宜少。（《弟子规·泛爱众》）

无论是从别人手里得到东西，还是把东西给予别人，都要分得清清楚楚。给予别人的应该多一些，获取别人的应该少一些。

（二十九）将 加 人

将加人，先问己。己不欲，即速已。（《弟子规·泛爱众》）

准备要求别人去做的事，首先要问一问自己愿不愿意去做。如果自己都不喜欢做的事，就应当立即停止。

（三十）恩 欲 报

恩欲报，怨欲忘。报怨短，报恩长。（《弟子规·泛爱众》）

对别人的恩惠要报答，对别人的怨恨要忘记。对别人的怨恨越短越好，对别人的报恩越长越好。

（三十一）恩 欲 报

势服人，心不然；理服人，方无言。（《弟子规·泛爱众》）

用势力去压服别人，别人的内心却不服；用道理去说服别人，别人才会心服口服无话可说。

（三十二）果 仁 者

果仁者，人多畏；言不讳（huì），色不媚。（《弟子规·而亲仁》）

真正的仁者，人们对他都心怀敬畏；说话时直言不讳，脸色也不谄媚。

（三十三）能 亲 仁

能亲仁，无限好；德日进，过日少。（《弟子规·则学文》）

如果能与品行高尚的仁者亲近，会得到无限的益处；与仁者亲近，个人的品德就会日渐进步，而过失就会日渐减少。

（三十四）不　亲　仁

不亲仁，无限害。小人进，百事坏。（《弟子规·而亲仁》）

不接近品行高尚的仁者，会有无穷的害处。这样一来，小人就会乘机接近我们，日积月累，我们的言行举止就会受影响，从而导致人生的失败。

（三十五）不　力　行

不力行，但学文，长（zhǎng）浮华，成何人？（《弟子规·则学文》）

不能努力实践礼仪仁爱，只是死读经典文献。纵然有些知识，也只是会滋长浮华的习气，变成一个不切实际的人，如此读书又有什么作用呢？

（三十六）非　圣　书

非圣书，屏勿视。蔽聪明，坏心志。

不是圣贤经书，应放弃不看。不好的书容易蒙蔽人的思想，破坏人的心志。

（三十七）勿　自　暴

勿自暴，勿自弃。圣与贤，可驯致。（《弟子规·则学文》）

一个人不能自甘堕落，也不能自己瞧不起自己。圣人和贤人的境界，都是可以通过自身的努力逐渐达到的。

第四模块 启 文 篇

这个模块用"启文"作为题目,意思就是要使读者通过诵读本模块选文增加一些"文气"。至于说到这种诵读的必要性,不如引述孔子曾经的建议:如果一个人在人格修炼的主要方面完成之后还有余力,那就再学点儿文学吧!

本模块的散文和诗歌大多出于小学、初中语文,不仅其思想性、艺术性都是经过多位专家反复鉴别的,而且大多数篇章都是大学生相对熟悉的,因此比较适合诵读。诵读吧,人说"诵读经典,口留文香",更何况"读诗使人灵秀"!

一、散文九篇

（一）兰亭集序

王羲之

永和九年，岁在癸（guǐ）丑，暮春之初，会于会稽山阴之兰亭，修禊（xì）事也。群贤毕至，少长咸集。此地有崇山峻岭，茂林修竹，又有清流激湍，映带左右。引以为流觞（shāng）曲水，列坐其次。虽无丝竹管弦之盛，一觞一咏，亦足以畅叙幽情。

是日也，天朗气清，惠风和畅。仰观宇宙之大，俯察品类之盛，所以游目骋怀，足以极视听之娱，信可乐也。

夫人之相与，俯仰一世。或取诸怀抱，悟言一室之内；或因寄所托，放浪形骸之外。虽趣舍万殊，静躁不同，当其欣于所遇，暂得于己，快然自足，不知老之将至。及其所之既倦，情随事迁，感慨系之矣。向之所欣，俯仰之间，已为陈迹，犹不能不以之兴怀。况修短随化，终期于尽。古人云："死生亦大矣。"岂不痛哉！

每览昔人兴感之由，若合一契，未尝不临文嗟悼，不能喻之于怀。固知一死生为虚诞，齐彭殇（shāng）为妄作。后之视今，亦犹今之视昔。悲夫！故列叙时人，录其所述。虽世殊事异，所以兴怀，其致一也。后之览者，亦将有感于斯文。

永和九年，时在癸丑之年，三月上旬，我们会集在会稽郡山阴城的兰亭，为了做禊事。众多贤才都会聚到这里，年龄大的小的都聚集在这里。兰亭这个地方有高峻的山峰、茂盛的树林、高高的竹子，又有清澈湍急的溪流，辉映环绕在亭子的四周。我们引溪水作为流觞的曲水，排列坐在曲水旁边。虽然没有演奏音乐的盛况，但喝点酒，作点诗，也足够畅快叙述幽深内藏的感情了。

这一天，天气晴朗，空气清新，和风温暖。仰首观览宇宙的浩大，俯看观察大地上众多的万物，用来舒展眼力，开阔胸怀，足够极尽视听的欢娱，实在很快乐。

人与人相互交往，很快便度过一生。有的人在室内畅谈自己的胸怀抱负；有的人就着自己所爱好的事物，寄托情怀，放纵无羁地生活。虽然各有各的爱好，安静与躁动各不相同，但当他们对所接触的事物感到高兴时，一时感到自得。感到高兴和满足，竟然不知道衰老将要到来。等到对得到或喜爱的东西已经厌倦，感情随着事物的变化而变化，感慨随之产生。过去所喜欢的东西，转瞬间，已经成为旧迹，尚且不能不因为它引发心中的感触，况且寿命长短，听凭造化，最后归结于消灭。古人说："死生毕竟是件大事啊。"怎么能不让人悲痛呢？

每当看到前人所发感慨的原因，其缘由像一张符契那样相合，总难免要在读前人文章时叹息哀伤，不能明白于心。本来知道把生死等同的说法是不真实的，把长寿和短命等同起来的说法是妄造的。后人看待今人，也就像今人看待前人，可悲呀。所以一个一个记下当时与会的人，录下他们所作的诗篇。纵使时代变了，事情不同了，但触发人们情怀的原因，他们的思想情趣是一样的。后世的读者，也将对这次集会的诗文有所感慨。

（二）醉翁亭记

欧阳修

环滁（chú）皆山也。其西南诸峰，林壑尤美，望之蔚然而深秀者，琅琊也。山行六七里，渐闻水声潺潺而泻出于两峰之间者，酿泉也。峰回路转，有亭翼然临于泉上者，醉翁亭也。作亭者谁？山之僧智仙也。名之者谁？太守自谓也。太守与客来饮于此，饮少辄醉，而年又最高，故自号曰醉翁也。醉翁之意不在酒，在乎山水之间也。山水之乐，得之心而寓之酒也。

若夫日出而林霏开，云归而岩穴暝，晦明变化者，山间之朝暮也。野芳发而幽香，佳木秀而繁阴，风霜高洁，水落而石出者，山间之四时也。朝而往，暮而归，四时之景不同，而乐亦无穷也。

至于负者歌于途，行者休于树，前者呼，后者应，伛（yǔ）偻（lǚ）提携，往来而不绝者，滁人游也。临溪而渔，溪深而鱼肥。酿泉为酒，泉香而酒洌；山肴野蔌（sù），杂然而前陈者，太守宴也。宴酣之乐，非丝非竹，射者中，弈者胜，觥（gōng）筹交错，起坐而喧哗者，众宾欢也。苍颜白发，颓然乎其间者，太守醉也。

已而夕阳在山，人影散乱，太守归而宾客从也。树林阴翳（yì），鸣声上下，游人去而禽鸟乐也。然而禽鸟知山林之乐，而不知人之乐；人知从太守游而乐，而不知太守之乐其乐也。醉能同其乐，醒能述以文者，太守也。太守谓谁？庐陵欧阳修也。

环绕滁州的都是山。那西南的几座山峰，树林和山谷尤其优美。一眼望去树木茂盛，又幽深又秀丽的，那是琅琊山。沿着山路走六七里，渐渐听到潺潺的水声，看到流水从两座山峰之间倾泻而出的，那是酿泉。泉水沿着山峰折绕，沿着山路拐弯，有一座亭子像飞鸟展翅似的，飞架在泉上，那就是醉翁亭。建造这亭子的是谁呢？是山上的和尚智仙。给它取名的又是谁呢？太守用自己的别号（醉翁）来命名。太守和他的宾客们来这儿饮酒，只喝一点儿就醉了，而且年纪又最大，所以自号"醉翁"。醉翁的情趣不在于喝酒，而在欣赏山水的美景。欣赏山水美景的乐趣，领会在心里，寄托在喝酒上。

太阳升起，山林里的雾气就散了，烟云聚拢，山谷就显得昏暗了，朝则自暗而明，暮则自明而暗，或暗或明，变化不一，这就是山中的朝暮。野花开了，有一股清幽的香味，好的树木枝繁叶茂，形成一片浓密的绿荫，风高霜洁，天高气爽，水落石出，这就是山中的四季。清晨前往，黄昏归来，四季的风光不同，乐趣也是无穷无尽的。

背着东西的人在路上欢唱，来去行路的人在树下休息，前面的招呼，后面的答应，老人弯着腰走，小孩子由大人领着走，来来往往不断的行人，是滁州的游客。到溪边钓鱼，溪水深并且鱼肉肥美。用酿泉造酒，泉水清并且酒也清；野味野菜，横七竖八地摆在面前的，那是太守主办的宴席。宴会喝酒的乐趣，不在于音乐；投壶的中了，下棋的赢了，酒杯和酒筹交互错杂，时起时坐大声喧闹的人，是欢乐的宾客们。一个脸色苍老的老人，醉醺醺地坐在众人中间，是太守喝醉了。

不久，太阳下山了，人影散乱，宾客们跟随太守回去了。树林里的枝叶茂密成林，鸟儿到处叫，是游人离开后鸟儿在欢乐地跳跃。但是鸟儿只知道山林中的快乐，却不知道人们的快乐；而人们只知道跟随太守游玩的快乐，却不知道太守以游人的快乐为快乐啊。醉了能够和大家一起欢乐，醒来能够用文章记述这乐事的人，那就是太守啊。太守是谁呢？是庐陵欧阳修吧。

（三）岳阳楼记

范仲淹

庆历四年春,滕子京谪守巴陵郡。越明年,政通人和,百废具兴。乃重修岳阳楼,增其旧制,刻唐贤今人诗赋于其上。属(zhǔ)予作文以记之。

予观夫巴陵胜状,在洞庭一湖。衔远山,吞长江,浩浩汤汤,横无际涯;朝晖夕阴,气象万千。此则岳阳楼之大观也。前人之述备矣。然则北通巫峡,南极潇湘,迁客骚人,多会于此,览物之情,得无异乎?

若夫淫雨霏霏,连月不开,阴风怒号,浊浪排空;日星隐曜,山岳潜形;商旅不行,樯倾楫摧;薄暮冥冥,虎啸猿啼。登斯楼也,则有去国怀乡,忧谗畏讥,满目萧然,感极而悲者矣!

至若春和景明,波澜不惊,上下天光,一碧万顷;沙鸥翔集,锦鳞游泳;岸芷汀(tīng)兰,郁郁青青。而或长烟一空,皓月千里,浮光跃金,静影沉璧,渔歌互答,此乐何极!登斯楼也,则有心旷神怡,宠辱偕(xié)忘,把酒临风,其喜洋洋者矣!

嗟夫!予尝求古仁人之心,或异二者之为,何哉?不以物喜,不以己悲;居庙堂之高,则忧其民;处江湖之远,则忧其君。是进亦忧,退亦忧。然则何时而乐耶?其必曰"先天下之忧而忧,后天下之乐而乐"乎。噫!微斯人,吾谁与归?

时六年九月十五日。

庆历四年的春天,滕子京被降职到巴陵郡做太守。到了第二年,政事顺利,百姓和乐,各种荒废的事业都兴办起来了。于是重新修建岳阳楼,扩大它原有的规模,把唐代名家和当代人的诗赋刻在它上面。

嘱托我写一篇文章来记述这件事情。

我观看那巴陵郡的美好景色,全在洞庭湖上。它连接着远处的山,吞吐长江的水流,浩浩荡荡,无边无际,一天里阴晴多变,气象千变万化。这就是岳阳楼的雄伟景象。前人的记述(已经)很详尽了。虽然如此,那么向北面通到巫峡,向南面直到潇水和湘水,降职的官吏和来往的诗人,大多在这里聚会,(他们)观赏自然景物而触发的感情,大概会有所不同吧?

像那阴雨连绵,接连几个月不放晴,寒风怒吼,浑浊的浪冲向天空;太阳和星星隐藏其光辉,山岳隐没了形体;商人和旅客(一译:行商和客商)不能通行,船桅倒下,船桨折断;傍晚天色昏暗,虎在长啸,猿在悲啼。(这时)登上这座楼啊,就会有一种离开国都、怀念家乡,担心人家说坏话、惧怕人家批评指责,满眼都是萧条的景象,感慨到了极点而悲伤的心情。

到了春风和煦、阳光明媚的时候,湖面平静,没有惊涛骇浪,天色湖光相连,一片碧绿,广阔无际;沙洲上的鸥鸟,时而飞翔,时而停歇,美丽的鱼游来游去,岸上的香草和小洲上的兰花,草木茂盛,青翠欲滴。有时大片烟雾完全消散,皎洁的月光一泻千里,波动的光闪着金色,静静的月影像沉入水中的玉璧,渔夫的歌声在你唱我和中响起来,这种乐趣(真是)无穷无尽啊!(这时)登上这座楼,就会感到心胸开阔、心情愉快,光荣和屈辱一并忘了,端着酒杯,吹着微风,那心情真是快乐高兴极了。

唉!我曾经探求古时品德高尚的人的思想感情,或许不同于(以上)两种人的心情,这是为什么呢?(是由于)不因外物好坏和自己得失而或喜或悲。在朝廷上做官时,就为百姓担忧;在江湖上不做官时,就为国君担忧。这样来说在朝廷做官也担忧,在僻远的江湖也担忧。既然这样,那么他们什么时候才会感到快乐呢?他们一定会说:"在天下人忧之前先忧,在天下人乐之后才乐。"唉!没有这种人,我同谁一道呢?

写于庆历六年九月十五日

(四)五柳先生传

陶渊明

先生不知何许人也,亦不详其姓字。宅边有五柳树,因以为号焉。闲静少言,不慕荣利。好读书,不求甚解;每有会意,便欣然忘食。性嗜酒,家贫不能常得。亲旧知其如此,或置酒而招之。造饮辄尽,期在必醉;既醉而退,曾不吝情去留。环堵萧然,不蔽风日;短褐穿结,箪(dān)瓢屡空,晏如也。常著文章自娱,颇示己志。忘怀得失,以此自终。赞曰:黔娄之妻有言:"不戚戚于贫贱,不汲汲于富贵。"其言兹若人之俦(chóu)乎?衔觞赋诗,以乐其志。无怀氏之民欤?葛天氏之民欤?

不知道先生是哪个地方的人,也不知道他的姓名和字。因为住宅旁边有五棵柳树,就把它作为(自己的)号了。(先生性格)闲适沉静且少言寡语,不羡慕荣华利禄。爱好读书,不过分在字句上下功夫;每当对书中的内容有所领会,便高兴得忘了吃饭。(他)天性特别爱好喝酒,但因家贫而经常没有喝酒。亲戚朋友知道他有这种嗜好,有时摆了酒席叫他去喝。他去喝酒就喝个尽兴,希望一定喝醉。喝醉了便回家,竟然说走就走。简陋的居室里空荡荡的,不能遮蔽寒风烈日;粗布短衣上打满了补丁,盛饭的篮子和饮水的水瓢里经常是空空的,(可是)先生都泰然处之,安然自若的样子。经常写文章为乐,(在文中)

充分表达出自己的志趣。他从不把得失放在心上，凭这些过完自己的一生。赞语说：黔娄的妻子曾经说过："不为贫贱而忧愁，不热衷于发财做官。"这话大概说的是五柳先生这一类的人吧？一边喝酒一边作诗，为自己抱定的志向而感到无比快乐。（他）大概是无怀氏时代的百姓，或者是上古葛天氏时代的百姓吧？

（五）桃花源记

陶渊明

晋太元中，武陵人捕鱼为业。缘溪行，忘路之远近。忽逢桃花林，夹岸数百步，中无杂树，芳草鲜美，落英缤纷。渔人甚异之，复前行，欲穷其林。

林尽水源，便得一山，山有小口，仿佛若有光。便舍船，从口入。初极狭，才通人。复行数十步，豁然开朗。土地平旷，屋舍俨然，有良田美池桑竹之属。阡陌交通，鸡犬相闻。其中往来种作，男女衣着，悉如外人。黄发垂髫（tiáo），并怡然自乐。

见渔人，乃大惊，问所从来。具答之。便要（yāo）还家，设酒杀鸡作食。村中闻有此人，咸来问讯。自云先世避秦时乱，率妻子邑人来此绝境，不复出焉，遂与外人间隔。问今是何世，乃不知有汉，无论魏晋。此人一一为具言所闻，皆叹惋。余人各复延至其家，皆出酒食。停数日，辞去。此中人语（yù）云："不足为外人道也。"

既出，得其船，便扶向路，处处志之。及郡下，诣太守，说如此。太守即遣人随其往，寻向所志，遂迷，不复得路。

南阳刘子骥，高尚士也，闻之，欣然规往。未果，寻病终。后遂无问津者。

东晋太元年间，武陵郡有个人，以打鱼为生。有一天，他沿着溪水划船，忘记了路的远近。忽然遇到一片桃花林，紧靠着两岸生长有几百步，其中没有其他树，花草鲜嫩美丽，落花纷纷。渔人感到很惊奇。继续往前走，想走到林子的尽头。

林子的尽头是溪流的源头，于是出现了一座小山，山上有一个小洞口，隐隐约约好像有点亮。渔人于是离开船，从洞口进去。起初很狭窄，仅容一个人通过。又走了几十步，突然变得开阔明亮。这里土地平坦宽阔，房屋整整齐齐，有肥沃的田地，美丽的池塘和桑树、竹子之类。田间小路交错相通，鸡鸣狗叫之声可以互相听到。在那里人们来来往往耕种劳作，男女的穿着打扮，完全都像桃花源外的世人，老人和小孩都安闲快乐。

桃花源里的人见到渔人，大吃一惊，问渔人从哪里来。渔人详细地回答了他们的问题。有人便邀请渔人到自己家里去，摆酒杀鸡做饭来款待他。村中的人听说有这样一个人，都来打听消息。他们自己说他们的祖先为了躲避秦时的战乱，带领着自己的妻子儿女及乡邻们来到这与世隔绝的地方，不再出去了，于是就与外面的人断绝了来往。

桃花源里的人问现在是什么朝代，竟然不知道有汉朝，更不必说魏朝和晋朝了。渔人把自己听到的事一一详细地告诉了他们，村中的人都感叹惋惜。其余的人又各自把渔人请到自己的家中，都拿出酒食来款待他。渔人逗留了几天以后，告辞离开了。这里的人对渔人说："这里的情况不值得对外边的人说啊！"渔人离开桃花源以后，找到了他的船，顺着从前的路回去，处处都做了标记。到了郡城，拜见了太守，说了自己的这番经历。太守立即派人跟随他前往，寻找以前做的标记，竟然迷了路，再也找不到通往桃花源的路了。

南阳人刘子骥,是志向高洁的隐士,听说了这件事,高兴地计划前往。没有实现,不久就病死了。此后就再也没有人访求桃花源了。

(六) 陋 室 铭

刘禹锡

山不在高,有仙则名。水不在深,有龙则灵。斯是陋室,惟吾德馨。苔痕上阶绿,草色入帘青。谈笑有鸿儒,往来无白丁。可以调素琴,阅金经。无丝竹之乱耳,无案牍之劳形。南阳诸葛庐,西蜀子云亭。孔子云:"何陋之有?"

山不在于高,有了仙人就成了名山。水不在于深,有了龙就成为有灵气的水了。这是简陋的屋子,只是我(住屋的人)的品德好(就不觉得简陋了)。苔藓碧绿,长到阶上;草色青葱,映入帘里。说说笑笑的都是博学的人,来来往往的没有无学问的人。可以弹不加装饰的琴,阅读佛经。没有嘈杂的音乐声扰乱耳朵,没有官府的公文使身体劳累。南阳有诸葛亮的茅庐,西蜀有扬子云的亭子。孔子说:"有什么简陋的呢?"

(七) 春夜宴从弟桃花园序

李白

夫天地者,万物之逆旅;光阴者,百代之过客。而浮生若梦,为欢几何?古人秉烛夜游,良有以也。况阳春召我以烟景,大块假我以文章。会桃花之芳园,序天伦之乐事。群季俊秀,皆为惠连;吾人咏歌，独惭康乐。幽赏未已，高谈转清。开琼筵以坐花，飞羽觞而醉月。不有佳作，何伸雅怀？如诗不成，罚依金谷酒数。

　　天地是万物的旅舍，时光是百代的过客。人生飘浮无常，好似梦幻一般，欢乐的日子能有多少呢？古人拿着蜡烛，在夜间游乐，确实是有原因的！何况清明温和的春天以秀美的景色来吸引我们，大自然又给我们提供了一派锦绣风光。现在聚会在桃李芬芳的花园里，畅谈兄弟间的乐事。诸弟聪明过人，都有谢惠连的才华。大家咏诗歌唱，唯独我不能和谢康乐相比而感到羞愧。静静地欣赏春夜的景色还没有完，纵情的谈论又转向清雅。摆出豪华的筵席，坐在花丛中间，酒杯频传，醉倒在月光之下。没有好的诗篇，怎能抒发高雅的情怀？如有作诗不成的，按照金谷园的先例，罚酒三杯。

（八）前赤壁赋

苏轼

　　壬戌之秋，七月既望，苏子与客泛舟游于赤壁之下。清风徐来，水波不兴。举酒属客，诵明月之诗，歌窈窕之章。少焉，月出于东山之上，徘徊于斗牛之间。白露横江，水光接天。纵一苇之所如，凌万顷之茫然。浩浩乎如冯虚御风，而不知其所止；飘飘乎如遗世独立，羽化而登仙。

　　于是饮酒乐甚，扣舷而歌之。歌曰："桂棹兮兰桨，击空明兮溯流光。渺渺兮予怀，望美人兮天一方。"客有吹洞箫者，倚歌而和之。其声呜呜然，如怨如慕，如泣如诉；余音袅袅，不绝如缕。舞幽壑之潜蛟，泣孤舟之嫠（lí）妇。

　　苏子愀（qiǎo）然，正襟危坐，而问客曰："何为其然也？"客曰：

"'月明星稀,乌鹊南飞。'此非曹孟德之诗乎?西望夏口,东望武昌,山川相缪(liáo),郁乎苍苍,此非孟德之困于周郎者乎?方其破荆州,下江陵,顺流而东也,舳(zhú)舻(lú)千里,旌旗蔽空,酾(shī)酒临江,横槊赋诗,固一世之雄也,而今安在哉?况吾与子,渔樵于江渚之上,侣鱼虾而友麋鹿,驾一叶之扁舟,举匏(páo)樽以相属(zhǔ)。寄蜉蝣于天地,渺沧海之一粟。哀吾生之须臾,羡长江之无穷。挟飞仙以遨游,抱明月而长终。知不可乎骤得,托遗响于悲风。"

苏子曰:"客亦知夫水与月乎?逝者如斯,而未尝往也;盈虚者如彼,而卒莫消长也。盖将自其变者而观之,则天地曾不能以一瞬;自其不变者而观之,则物与我皆无尽也,而又何羡乎!且夫天地之间,物各有主,苟非吾之所有,虽一毫而莫取。惟江上之清风,与山间之明月,耳得之而为声,目遇之而成色,取之无禁,用之不竭。是造物者之无尽藏(zàng)也,而吾与子之所共适。"

客喜而笑,洗盏更酌。肴核既尽,杯盘狼藉。相与枕藉(jiè)乎舟中,不知东方之既白。

壬戌年秋天,七月十六日,我与友人在赤壁下泛舟游玩。清风阵阵拂来,水面波澜不起。举起酒杯向同伴劝酒,吟诵《明月》中"窈窕"这一章。不一会儿,明月从东山后升起,在斗宿与牛宿之间来回移动。白茫茫的雾气横贯江面,水光连着天际。任凭小船漂流到各处,越过那茫茫的江面。前进时就好像凌空乘风而行,并不知道哪里才会停栖,感觉身轻得似要离开尘世飘飞而去,有如道家羽化成仙。

在这时喝酒喝得高兴起来,敲着船边,打着节拍,应声高歌。歌中唱道:"桂木做的船棹兰木做的船桨,桨划破月光下的清波啊,船在月光浮动的水面上逆流而上。我的心怀悠远,展望美好的理想,却在天的另一方。"有会吹洞箫的客人，依着节奏为歌声伴和，洞箫"呜呜"作声：有如怨怼有如思慕，既像啜泣也像倾诉，余音在江上回荡，像细丝一样连续不断。能使深谷中的蛟龙为之起舞，能使孤舟上的寡妇为之饮泣。

我的神色也愁惨起来，整好衣襟坐端正，向客人问道："（箫声）为什么这样（哀怨）呢？"客人回答："'月明星稀，乌鹊南飞'，这不是曹公孟德的诗吗？（这里）向西可以望到夏口，向东可以望到武昌，山河接壤连绵不绝，目力所及，一片郁郁苍苍。这不正是曹孟德被周瑜所围困的地方吗？当初他攻陷荆州，夺得江陵，沿长江顺流东下，麾下的战船首尾相连延绵千里，旌旗将天空全都蔽住，面对大江斟酒，横执长矛吟诗，本来是当世的一位英雄人物，然而现在又在哪里呢？何况我与你在江中的小洲打鱼砍柴，以鱼虾为侣，以麋鹿为友，（在江上）驾着这一叶小舟，举起杯盏相互敬酒，如同蜉蝣置身于广阔的天地中，像沧海中的一粒粟米那样渺小。（唉，）哀叹我们的一生只是短暂的片刻，（不由）羡慕长江的没有穷尽。（想要）携同仙人携手遨游各地，与明月相拥而永存世间。知道这些终究不能实现，只得将憾恨化为箫音，托寄在悲凉的秋风中罢了。"

我问道："你可也知道这水与月？流逝的就像这水，其实并没有真正逝去；时圆时缺的就像这月，终究又何尝盈亏。可见，从事物变易的一面看来，天地间没有一瞬间不发生变化；而从事物不变的一面看来，万物与自己的生命同样无穷无尽，又有什么可羡慕的呢？何况天地之间，万物各有自己的归属，若不是自己应该拥有的，即使一分一毫也不能求取。只有江上的清风，以及山间的明月，送到耳边便听到声音，进入眼帘便绘出形色，取得这些不会被禁止，感受这些也不会有竭尽的忧虑。这是大自然（恩赐）的没有穷尽的宝藏，你我尽可以一起享用。"

客人高兴地笑了，洗净酒杯重新斟酒。菜肴果品都已吃完，杯子盘子杂乱一片。大家互相枕着靠着睡在船上,不知不觉东方已经露出白色的曙光。

(九)记承天寺夜游

苏轼

元丰六年十月十二日夜,解衣欲睡,月色入户,欣然起行。念无与为乐者,遂至承天寺,寻张怀民。怀民亦未寝,相与步于中庭。庭下如积水空明,水中藻(zǎo)荇(xìng)交横,盖竹柏影也。何夜无月?何处无竹柏?但少闲人如吾两人者耳。

元丰六年十月十二日夜里,(我)解开衣服准备睡觉,皎洁的月光照进了窗户,(我)高兴地起来走动。(我)想到没有可以交谈取乐的人,于是到承天寺寻找我的好友张怀民。怀民也没有睡觉,我们便一起在院子里漫步。月光照在院子里,庭院中宛如充满了水一样清澈透明。水中水草交错纵横,原来是竹子和柏树的影子。哪一个晚上没有月亮?哪一个地方没有竹子和柏树?只是缺少像我们俩一样清闲的人罢了。

二、历代经典诗歌一百零九首

（一）先秦四篇

1. 关　雎

无名氏

关关雎鸠，在河之洲。
窈窕淑女，君子好逑。

参差荇菜，左右流之。
窈窕淑女，寤寐求之。

求之不得，寤寐思服。
悠哉悠哉，辗转反侧。

参差荇菜，左右采之。
窈窕淑女，琴瑟友之。

参差荇菜，左右芼（mào）之。
窈窕淑女，钟鼓乐（lè）之。

2. 蒹　　葭
无名氏

蒹葭苍苍，白露为霜。
所谓伊人，在水一方。
溯洄从之，道阻且长。
溯游从之，宛在水中央。

蒹葭萋萋，白露未晞。
所谓伊人，在水之湄（méi）。
溯洄从之，道阻且跻。
溯游从之，宛在水中坻。

蒹葭采采，白露未已。
所谓伊人，在水之涘（sì）。
溯洄从之，道阻且右。
溯游从之，宛在水中沚（zhǐ）。

3. 采　　薇
无名氏

采薇采薇，薇亦作止。
曰归曰归，岁亦莫（mù）止。
靡室靡家，猃（xiǎn）狁（yǔn）之故。
不遑启居，猃狁之故。

采薇采薇，薇亦柔止。
曰归曰归，心亦忧止。
忧心烈烈，载饥载渴。
我戍未定，靡使归聘。

采薇采薇，薇亦刚止。
曰归曰归，岁亦阳止。
王事靡盬（gǔ），不遑启处。
忧心孔疚，我行不来！

彼尔维何？维常（táng）之华（huā）。
彼路斯何？君子之车。
戎车既驾，四牡业业。
岂敢定居？一月三捷。

驾彼四牡，四牡骙骙。
君子所依，小人所腓。
四牡翼翼，象弭鱼服。
岂不日戒？玁狁孔棘！

昔我往矣，杨柳依依。
今我来思，雨雪霏霏。
行道迟迟，载渴载饥。
我心伤悲，莫知我哀！

4. 国 殇
屈原

操吴戈兮被（pī）犀甲，车错毂（gǔ）兮短兵接。
旌蔽日兮敌若云，矢交坠兮士争先。
凌余阵兮躐（liè）余行（háng），左骖殪兮右刃伤。
霾两轮兮絷四马，援玉枹（fú）兮击鸣鼓。
天时怼（duì）兮威灵怒，严杀尽兮弃原野。
出不入兮往不反，平原忽兮路超远。
带长剑兮挟秦弓，首身离兮心不惩。
诚既勇兮又以武，终刚强兮不可凌。
身既死兮神以灵，子魂魄兮为鬼雄。

（二）两汉五篇

1. 大风歌
刘邦

大风起兮云飞扬，
威加海内兮归故乡，
安得猛士兮守四方！

2. 上邪
无名氏

上邪，

我欲与君相知,

长命无绝衰。

山无陵,

江水为竭。

冬雷震震,

夏雨(yù)雪。

天地合,

乃敢与君绝。

3. 长 歌 行
无名氏

青青园中葵,朝露待日晞。

阳春布德泽,万物生光辉。

常恐秋节至,焜(kūn)黄华(huā)叶衰(cuī)。

百川东到海,何时复西归?

少壮不努力,老大徒伤悲。

4. 赠 从 弟
刘桢

亭亭山上松,瑟瑟谷中风。

风声一何盛,松枝一何劲!

冰霜正惨凄,终岁常端正。

岂不罹(lí)凝寒,松柏有本性!

5. 涉江采芙蓉

无名氏

涉江采芙蓉，兰泽多芳草。
采之欲遗（wèi）谁？所思在远道。
还顾望旧乡，长路漫浩浩。
同心而离居，忧作以终老！

（三）魏晋南北朝七篇

1. 龟 虽 寿

曹操

神龟虽寿，犹有竟时。
腾蛇乘雾，终为土灰。
老骥伏枥，志在千里。
烈士暮年，壮心不已。
盈缩之期，不但在天；
养怡之福，可得永年。
幸甚至哉，歌以咏志。

2. 观 沧 海

曹操

东临碣石，以观沧海。
水何澹澹，山岛竦峙。

树木丛生，百草丰茂。
秋风萧瑟，洪波涌起。
日月之行，若出其中；
星汉灿烂，若出其里。
幸甚至哉，歌以咏志。

3. 短 歌 行
曹操

对酒当歌，人生几何？
譬如朝露，去日苦多。
慨当以慷，忧思难忘。
何以解忧，唯有杜康。
青青子衿，悠悠我心。
但为君故，沉吟至今。
呦呦鹿鸣，食野之苹。
我有嘉宾，鼓瑟吹笙。
明明如月，何时可掇？
忧从中来，不可断绝。
越陌度阡，枉用相存。
契阔谈宴，心念旧恩。
月明星稀，乌鹊南飞。
绕树三匝，何枝可依？
山不厌高，海不厌深。
周公吐哺（bǔ），天下归心。

4. 归园田居

陶渊明

种豆南山下，
草盛豆苗稀。
晨兴理荒秽，
带月荷锄归。
道狭草木长，
夕露沾我衣。
衣沾不足惜，
但使愿无违。

5. 饮酒（其五）

陶渊明

结庐在人境，
而无车马喧。
问君何能尔？
心远地自偏。
采菊东篱下，
悠然见南山。
山气日夕佳，
飞鸟相与还。
此中有真意，
欲辨已忘言。

6. 敕 勒 歌
北朝民歌

敕勒川，
阴山下。
天似穹庐，
笼盖四野。
天苍苍，
野茫茫，
风吹草低见牛羊。

7. 陇 头 歌 辞
北朝民歌

陇头流水，流离山下。
念吾一身，飘然旷野。

朝发欣城，暮宿陇头。
寒不能语，舌卷入喉。

陇头流水，鸣声呜咽。
遥望秦川，心肝断绝。

（四）唐五代四十七篇

1. 白雪歌送武判官归京

岑参

北风卷地白草折（zhé），
　胡天八月即飞雪。
　忽如一夜春风来，
　千树万树梨花开。
　散入珠帘湿罗幕，
　狐裘不暖锦衾薄。
　将军角弓不得控，
　都护铁衣冷难着。
　瀚海阑干百丈冰，
　愁云惨淡万里凝。
　中军置酒饮归客，
　胡琴琵琶与羌笛。
　纷纷暮雪下辕门，
　风掣红旗冻不翻。
　轮台东门送君去，
　去时雪满天山路。
　山回路转不见君，
　雪上空留马行处。

2. 送杜少府之任蜀州
王勃

城阙辅三秦,
风烟望五津。
与君离别意,
同是宦游人。
海内存知己,
天涯若比邻。
无为在歧路,
儿女共沾巾。

3. 登幽州台歌
陈子昂

前不见古人,
后不见来者。
念天地之悠悠,
独怆(chuàng)然而涕下!

4. 春江花月夜
张若虚

春江潮水连海平,
海上明月共潮生。
滟滟随波千万里,

何处春江无月明?
江流宛转绕芳甸,
月照花林皆似霰。
空里流霜不觉飞,
汀上白沙看不见。
江天一色无纤尘,
皎皎空中孤月轮。
江畔何人初见月?
江月何年初照人?
人生代代无穷已,
江月年年只相似。
不知江月待何人,
但见长江送流水。
白云一片去悠悠,
青枫浦上不胜愁。
谁家今夜扁舟子?
何处相思明月楼?
可怜楼上月徘徊,
应照离人妆镜台。
玉户帘中卷不去,
捣衣砧上拂还来。
此时相望不相闻,
愿逐月华流照君。
鸿雁长飞光不度,
鱼龙潜跃水成文。
昨夜闲潭梦落花,

可怜春半不还家。
江水流春去欲尽，
江潭落月复西斜。
斜月沉沉藏海雾，
碣石潇湘无限路。
不知乘月几人归？
落月摇情满江树。

5. 燕 歌 行
高适

汉家烟尘在东北，
汉将辞家破残贼。
男儿本自重横行，
天子非常赐颜色。
摐（chuāng）金伐鼓下榆关，
旌旆逶迤碣石间。
校尉羽书飞瀚海，
单于猎火照狼山。
山川萧条极边土，
胡骑凭陵杂风雨。
战士军前半死生，
美人帐下犹歌舞！
大漠穷秋塞草腓（féi），
孤城落日斗兵稀。
身当恩遇常轻敌，

力尽关山未解围。
铁衣远戍辛勤久,
玉箸应啼别离后。
少妇城南欲断肠,
征人蓟(jì)北空回首。
边庭飘飖那可度,
绝域苍茫更何有!
杀气三时作阵云,
寒声一夜传刁斗。
相看白刃血纷纷,
死节从来岂顾勋?
君不见沙场征战苦,
至今犹忆李将军!

6. 小儿垂钓
胡令能

蓬头稚子学垂纶,
侧坐莓苔草映身。
路人借问遥招手,
怕得鱼惊不应人。

7. 游子吟
孟郊

慈母手中线,

游子身上衣。
临行密密缝,
意恐迟迟归。
谁言寸草心,
报得三春晖?

8. 终南别业
王维

中岁颇好道,
晚家南山陲。
兴来每独往,
胜事空自知。
行到水穷处,
坐看云起时。
偶然值林叟,
谈笑无还期。

9. 送元二使安西
王维

渭城朝雨浥轻尘,
客舍青青柳色新。
劝君更尽一杯酒,
西出阳关无故人。

10. 鸟鸣涧

王维

人闲桂花落,
夜静春山空。
月出惊山鸟,
时鸣春涧中。

11. 画

王维

远看山有色,
近听水无声。
春去花还在,
人来鸟不惊。

12. 竹里馆

王维

独坐幽篁里,
弹琴复长啸。
深林人不知,
明月来相照。

13. 忆 江 南
白居易

江南好,
风景旧曾谙。
日出江花红胜火,
春来江水绿如蓝。
能不忆江南?

14. 草
白居易

离离原上草,
一岁一枯荣。
野火烧不尽,
春风吹又生。

15. 马 诗
李贺

大漠沙如雪,
燕山月似钩。
何当金络脑,
快走踏清秋。

16. 芙蓉楼送辛渐
王昌龄

寒雨连江夜入吴,
平明送客楚山孤。
洛阳亲友如相问,
一片冰心在玉壶。

17. 过故人庄
孟浩然

故人具鸡黍,
邀我至田家。
绿树村边合,
青山郭外斜。
开轩面场圃,
把酒话桑麻。
待到重阳日,
还来就菊花。

18. 题破山寺后禅院
常建

清晨入古寺,
初日照高林。
曲径通幽处,

禅房花木深。
山光悦鸟性,
潭影空人心。
万籁此俱寂,
但余钟磬音。

19. 早春呈水部张十八员外
韩愈

天街小雨润如酥,
草色遥看近却无。
最是一年春好处,
绝胜烟柳满皇都。

20. 幽 兰 操
韩愈

兰之猗(yī)猗,
扬扬其香。
众香拱之,
幽幽其芳。
不采而佩,
于兰何伤?

以日以年,
我行四方。

文王梦熊,
渭水泱泱。
采而佩之,
奕奕清芳。

雪霜茂茂,
蕾蕾于冬,
君子之守,
子孙之昌。

21. 滁州西涧
韦应物

独怜幽草涧边生,
上有黄鹂深树鸣。
春潮带雨晚来急,
野渡无人舟自横。

22. 送灵澈上人
刘长卿

苍苍竹林寺,
杳杳钟声晚。
荷笠带斜阳,
青山独归远。

23. 野　　望
　　王绩

东皋薄暮望,
徙倚欲何依。
树树皆秋色,
山山唯落晖。
牧人驱犊返,
猎马带禽归。
相顾无相识,
长歌怀采薇。

24. 送　友　人
　　李白

青山横北郭,
白水绕东城。
此地一为别,
孤蓬万里征。
浮云游子意,
落日故人情。
挥手自兹去,
萧萧班马鸣。

25. 峨眉山月歌
李白

峨眉山月半轮秋，
影入平羌江水流。
夜发清溪向三峡，
思君不见下渝州。

26. 春夜洛城闻笛
李白

谁家玉笛暗飞声，
散入春风满洛城。
此夜曲中闻折柳，
何人不起故园情。

27. 独坐敬亭山
李白

众鸟高飞尽，
孤云独去闲。
相看两不厌，
只有敬亭山。

28. 静 夜 思
李白

床前明月光，
疑是地上霜。
举头望明月，
低头思故乡。

29. 行路难（其一）
李白

金樽清酒斗十千，
玉盘珍馐直万钱。
停杯投箸不能食，
拔剑四顾心茫然。
欲渡黄河冰塞川，
将登太行雪满山。
闲来垂钓碧溪上，
忽复乘舟梦日边。
行路难！行路难！
多歧路，今安在？
长风破浪会有时，
直挂云帆济沧海。

30. 宣州谢朓楼饯别校书叔云
李白

弃我去者，
昨日之日不可留；
乱我心者，
今日之日多烦忧。
长风万里送秋雁，
对此可以酣高楼。
蓬莱文章建安骨，
中间小谢又清发。
俱怀逸兴壮思飞，
欲上青天览明月。
抽刀断水水更流，
举杯消愁愁更愁。
人生在世不称意，
明朝散发弄扁舟。

31. 梦游天姥吟留别
李白

海客谈瀛洲，
烟涛微茫信难求。
越人语天姥（mǔ），
云霞明灭或可睹。
天姥连天向天横，

势拔五岳掩赤城。
天台四万八千丈,
对此欲倒东南倾。
我欲因之梦吴越,
一夜飞渡镜湖月。
湖月照我影,
送我至剡(shàn)溪。
谢公宿处今尚在,
渌水荡漾清猿啼。
脚著谢公屐,
身登青云梯。
半壁见海日,
空中闻天鸡。
千岩万转路不定,
迷花倚石忽已暝。
熊咆龙吟殷岩泉,
栗深林兮惊层巅。
云青青兮欲雨,
水澹澹兮生烟。
列缺霹雳,
丘峦崩摧。
洞天石扉,
訇然中开。
青冥浩荡不见底,
日月照耀金银台。
霓为衣兮风为马,

云之君兮纷纷而来下。
虎鼓瑟兮鸾回车,
仙之人兮列如麻。
忽魂悸以魄动,
恍惊起而长嗟。
惟觉时之枕席,
失向来之烟霞。
世间行乐亦如此,
古来万事东流水。
别君去兮何时还?
且放白鹿青崖间。
须行即骑访名山。
安能摧眉折腰事权贵,
使我不得开心颜!

32. 将 进 酒
李白

君不见黄河之水天上来,
奔流到海不复回。
君不见高堂明镜悲白发,
朝如青丝暮成雪。
人生得意须尽欢,
莫使金樽空对月。
天生我材必有用,
千金散尽还复来。

烹羊宰牛且为乐,
会须一饮三百杯。
岑夫子,丹丘生,
将进酒,君莫停。
与君歌一曲,
请君为我侧耳听。
钟鼓馔玉不足贵,
但愿长醉不愿醒。
古来圣贤皆寂寞,
惟有饮者留其名。
陈王昔时宴平乐,
斗酒十千恣欢谑。
主人何为言少钱,
径须沽取对君酌。
五花马,千金裘,
呼儿将出换美酒,
与尔同销万古愁。

33. 月下独酌
李白

花间一壶酒,
独酌无相亲。
举杯邀明月,
对影成三人。
月既不解饮,

影徒随我身。
暂伴月将影,
行乐须及春。
我歌月徘徊,
我舞影零乱。
醒时同交欢,
醉后各分散。
永结无情游,
相期邈云汉。

34. 走马川行奉送封大夫出师西征
岑参

君不见走马川行雪海边,
平沙莽莽黄入天。
轮台九月风夜吼,
一川碎石大如斗,
随风满地石乱走。
匈奴草黄马正肥,
金山西见烟尘飞,
汉家大将西出师。
将军金甲夜不脱,
半夜军行戈相拨,
风头如刀面如割。
马毛带雪汗气蒸,
五花连钱旋作冰,

幕中草檄砚水凝。
虏骑闻之应胆慑，
料知短兵不敢接，
车师西门伫献捷。

35. 月　　夜
刘方平

更深月色半人家，
北斗阑干南斗斜。
今夜偏知春气暖，
虫声新透绿窗纱。

36. 江畔独步寻花（其六）
杜甫

黄四娘家花满蹊，
千朵万朵压枝低。
留连戏蝶时时舞，
自在娇莺恰恰啼。

37. 绝　　句
杜甫

两个黄鹂鸣翠柳，
一行白鹭上青天。

窗含西岭千秋雪，
门泊东吴万里船。

38. 秋词（其一）
刘禹锡

自古逢秋悲寂寥，
我言秋日胜春朝。
晴空一鹤排云上，
便引诗情到碧霄。

39. 夜雨寄北
李商隐

君问归期未有期，
巴山夜雨涨秋池。
何当共剪西窗烛，
却话巴山夜雨时。

40. 泊秦淮
杜牧

烟笼寒水月笼沙，
夜泊秦淮近酒家。
商女不知亡国恨，
隔江犹唱后庭花。

41. 赤　　壁
杜牧

折戟沉沙铁未销，
自将磨洗认前朝。
东风不与周郎便，
铜雀春深锁二乔。

42. 山　　行
杜牧

远上寒山石径斜，
白云深处有人家。
停车坐爱枫林晚，
霜叶红于二月花。

43. 枫桥夜泊
张继

月落乌啼霜满天，
江枫渔火对愁眠。
姑苏城外寒山寺，
夜半钟声到客船。

44. 登柳州城楼寄漳、汀、封、连四州刺史
柳宗元

城上高楼接大荒,
海天愁思正茫茫。
惊风乱飐芙蓉水,
密雨斜侵薜荔墙。
岭树重遮千里目,
江流曲似九回肠。
共来百粤文身地,
犹自音书滞一乡!

45. 相 见 欢
李煜

无言独上西楼。月如钩。寂寞梧桐深院锁清秋。
剪不断。理还乱。是离愁。别是一般滋味在心头。

46. 虞 美 人
李煜

春花秋月何时了?往事知多少!小楼昨夜又东风,故国不堪回首月明中。

雕栏玉砌应犹在,只是朱颜改。问君能有几多愁?恰似一江春水向东流。

47. 浪　淘　沙
李煜

帘外雨潺潺，春意阑珊。罗衾不耐五更寒。梦里不知身是客，一晌贪欢。

独自莫凭栏，无限江山。别时容易见时难。流水落花春去也，天上人间。

（五）两宋二十四篇

1. 春　　日
朱熹

胜日寻芳泗水滨，
无边光景一时新。
等闲识得东风面，
万紫千红总是春。

2. 一去二三里
邵雍

一去二三里，
烟村四五家，
亭台六七座，
八九十枝花。

3. 小　　池
杨万里

泉眼无声惜细流，
树阴照水爱晴柔。
小荷才露尖尖角，
早有蜻蜓立上头。

4. 宿新市徐公店
杨万里

篱落疏疏一径深，
树头花落未成阴。
儿童急走追黄蝶，
飞入菜花无处寻。

5. 浣　溪　沙
晏殊

一曲新词酒一杯，去年天气旧亭台。夕阳西下几时回？
无可奈何花落去，似曾相识燕归来。小园香径独徘徊。

6. 破　阵　子
晏殊

燕子欲归时节，高楼昨夜西风。求得人间成小会，试把金尊傍菊丛。

歌长粉面红。

　　斜日更穿帘幕，微凉渐入梧桐。多少襟情言不尽，写向蛮笺曲调中。此情千万重。

7. 饮湖上初晴后雨
苏轼

水光潋滟晴方好，
山色空蒙雨亦奇。
欲把西湖比西子，
淡妆浓抹总相宜。

8. 题西林壁
苏轼

横看成岭侧成峰，
远近高低各不同。
不识庐山真面目，
只缘身在此山中。

9. 水调歌头
苏轼

　　丙辰中秋，欢饮达旦，大醉，作此篇，兼怀子由。
　　明月几时有？把酒问青天。不知天上宫阙，今夕是何年。我欲乘风归去，又恐琼楼玉宇，高处不胜寒。起舞弄清影，何似在人间。

转朱阁，低绮户，照无眠。不应有恨，何事长向别时圆？人有悲欢离合，月有阴晴圆缺，此事古难全。但愿人长久，千里共婵娟。

10. 江城子·密州出猎
苏轼

老夫聊发少年狂，左牵黄，右擎苍，锦帽貂裘，千骑卷平冈。为报倾城随太守，亲射虎，看孙郎。

酒酣胸胆尚开张，鬓微霜，又何妨？持节云中，何日遣冯唐？会挽雕弓如满月，西北望，射天狼。

11. 定 风 波
苏轼

三月七日沙湖道中遇雨。雨具先去，同行皆狼狈，余独不觉。已而遂晴，故作此。

莫听穿林打叶声，何妨吟啸且徐行，竹杖芒鞋轻胜马，谁怕？一蓑烟雨任平生。

料峭春风吹酒醒，微冷。山头斜照却相迎。回首向来萧瑟处，归去，也无风雨也无晴。

12. 浣 溪 沙
苏轼

游蕲水清泉寺，寺临兰溪，溪水西流。
山下兰芽短浸溪，松间沙路净无泥，萧萧暮雨子规啼。

谁道人生无再少？门前流水尚能西，休将白发唱黄鸡。

13. 登飞来峰
王安石

飞来山上千寻塔，
闻说鸡鸣见日升。
不畏浮云遮望眼，
只缘身在最高层。

14. 渔家傲·秋思
范仲淹

　　塞下秋来风景异，衡阳雁去无留意。四面边声连角起，千嶂里，长烟落日孤城闭。
　　浊酒一杯家万里，燕然未勒归无计。羌管悠悠霜满地，人不寐，将军白发征夫泪。

15. 卜算子·我住长江头
李之仪

　　我住长江头，君住长江尾。日日思君不见君，共饮长江水。
　　此水几时休？此恨何时已？只愿君心似我心，定不负相思意。

16. 南乡子·登京口北固亭有怀
辛弃疾

何处望神州？满眼风光北固楼。千古兴亡多少事？悠悠。不尽长江滚滚流。

年少万兜鍪，坐断东南战未休。天下英雄谁敌手？曹刘。生子当如孙仲谋。

17. 破阵子·为陈同甫赋壮词以寄之
辛弃疾

醉里挑灯看剑，梦回吹角连营。八百里分麾下炙，五十弦翻塞外声。沙场秋点兵。

马作的卢飞快，弓如霹雳弦惊。了却君王天下事，赢得生前身后名。可怜白发生！

18. 武 陵 春
李清照

风住尘香花已尽，日晚倦梳头。物是人非事事休，欲语泪先流。
闻说双溪春尚好，也拟泛轻舟。只恐双溪舴艋舟，载不动许多愁。

19. 声 声 慢
李清照

寻寻觅觅，冷冷清清，凄凄惨惨戚戚。乍暖还寒时候，最难将息。

三杯两盏淡酒，怎敌他、晚来风急！雁过也，正伤心，却是旧时相识。

满地黄花堆积。憔悴损，如今有谁堪摘？守著窗儿，独自怎生得黑。梧桐更兼细雨，到黄昏点点滴滴。这次第，怎一个愁字了得？

20. 观书有感
朱熹

半亩方塘一鉴开，
天光云影共徘徊。
问渠那得清如许？
为有源头活水来。

21. 约客
赵师秀

黄梅时节家家雨，
青草池塘处处蛙。
有约不来过夜半，
闲敲棋子落灯花。

22. 游山西村
陆游

莫笑农家腊酒浑，
丰年留客足鸡豚。
山重水复疑无路，

柳暗花明又一村。

23. 卜算子·咏梅
陆游

驿外断桥边，寂寞开无主。已是黄昏独自愁，更著风和雨。
无意苦争春，一任群芳妒。零落成泥碾作尘，只有香如故。

24. 雨霖铃
柳永

寒蝉凄切，对长亭晚，骤雨初歇。都门帐饮无绪，留恋处，兰舟催发。执手相看泪眼，竟无语凝噎。念去去，千里烟波，暮霭沉沉楚天阔。

多情自古伤离别，更那堪，冷落清秋节！今宵酒醒何处？杨柳岸，晓风残月。此去经年，应是良辰好景虚设。便纵有千种风情，更与何人说？

（六）元、明、清十篇

1. 天净沙·秋
白朴

孤村落日残霞，
轻烟老树寒鸦，
一点飞鸿影下。
青山绿水，
白草红叶黄花。

2. 天净沙·秋思
马致远

枯藤老树昏鸦，
小桥流水人家，
古道西风瘦马。
夕阳西下，
断肠人在天涯。

3. 山坡羊·骊山怀古
张养浩

骊山四顾，阿房一炬，当时奢侈今何处？只见草萧疏，水萦纡。至今遗恨迷烟树。列国周齐秦汉楚，赢，都变做了土；输，都变做了土。

4. 山坡羊·潼关怀古
张养浩

峰峦如聚，波涛如怒，山河表里潼关路。望西都，意踌躇，伤心秦汉经行处，宫阙万间都做了土。兴，百姓苦。亡，百姓苦。

5. 石 灰 吟
于谦

千锤万凿出深山，

烈火焚烧若等闲。
粉身碎骨全不怕,
要留清白在人间。

6. 临江仙·滚滚长江东逝水
杨慎

　　滚滚长江东逝水,浪花淘尽英雄。是非成败转头空。青山依旧在,几度夕阳红。
　　白发渔樵江渚上,惯看秋月春风。一壶浊酒喜相逢。古今多少事,都付笑谈中。

7. 过零丁洋
文天祥

辛苦遭逢起一经,
干戈寥落四周星。
山河破碎风飘絮,
身世浮沉雨打萍。
惶恐滩头说惶恐,
零丁洋里叹零丁。
人生自古谁无死?
留取丹心照汗青。

8. 村　居
高鼎

草长莺飞二月天，
拂堤杨柳醉春烟。
儿童散学归来早，
忙趁东风放纸鸢。

9. 竹　石
郑燮

咬定青山不放松，
立根原在破岩中。
千磨万击还坚劲，
任尔东西南北风。

10. 长　相　思
纳兰性德

山一程，水一程，身向榆关那畔行，夜深千帐灯。
风一更，雪一更，聒碎乡心梦不成，故园无此声。

（七）现代十二篇

1. 沁园春·长沙
毛泽东

独立寒秋，湘江北去，橘子洲头。看万山红遍，层林尽染；漫江碧透，百舸争流。鹰击长空，鱼翔浅底，万类霜天竞自由。怅寥廓，问苍茫大地，谁主沉浮？

携来百侣曾游，忆往昔峥嵘岁月稠。恰同学少年，风华正茂；书生意气，挥斥方遒。指点江山，激扬文字，粪土当年万户侯。曾记否，到中流击水，浪遏飞舟！

2. 七律·长征
毛泽东

红军不怕远征难，
万水千山只等闲。
五岭逶迤腾细浪，
乌蒙磅礴走泥丸。
金沙水拍云崖暖，
大渡桥横铁索寒。
更喜岷山千里雪，
三军过后尽开颜。

3. 卜算子·咏梅
毛泽东

风雨送春归,
　飞雪迎春到。
已是悬崖百丈冰,
　犹有花枝俏。
俏也不争春,
　只把春来报。
待到山花烂漫时,
　她在丛中笑。

4. 采桑子·重阳
毛泽东

人生易老天难老,岁岁重阳。今又重阳,战地黄花分外香。
一年一度秋风劲,不似春光。胜似春光,寥廓江天万里霜。

5. 浪淘沙·北戴河
毛泽东

大雨落幽燕,白浪滔天,秦皇岛外打鱼船。一片汪洋都不见,知向谁边?

往事越千年,魏武挥鞭,东临碣石有遗篇。萧瑟秋风今又是,换了人间。

6. 雨　　巷

戴望舒

撑着油纸伞，
独自彷徨在悠长，
悠长又寂寥的雨巷，
我希望逢着一个
丁香一样地结着愁怨的姑娘。

她是有丁香一样的颜色，
丁香一样的芬芳，
丁香一样的忧愁，
在雨中哀怨，哀怨又彷徨；
她彷徨在这寂寥的雨巷，
撑着油纸伞，像我一样，
像我一样地默默彳亍着，
冷漠、凄清，又惆怅。
她静默地走近，走近，
又投出太息一般的眼光，
她飘过像梦一般地，
像梦一般地凄婉迷茫。

像梦中飘过一枝丁香地，
我身旁飘过这女郎；
她静默地远了，远了，
到了颓圮的篱墙，

走尽这雨巷。
在雨的哀曲里,
消了她的颜色,
散了她的芬芳,
消散了,甚至她的
太息般的眼光,
丁香般的惆怅。

撑着油纸伞,
独自彷徨在悠长,
悠长又寂寥的雨巷,
我希望飘过一个丁香一样地
结着愁怨的姑娘。

7. 再别康桥

徐志摩

轻轻的我走了,
正如我轻轻的来;
我轻轻的招手,
作别西天的云彩。

那河畔的金柳,
是夕阳中的新娘;
波光里的艳影,
在我的心头荡漾。

软泥上的青荇，
油油的在水底招摇；
在康河的柔波里，
我甘心做一条水草！

那榆荫下的一潭，
不是清泉，是天上虹；
揉碎在浮藻间，
沉淀着彩虹似的梦。

寻梦？撑一支长篙，
向青草更青处漫溯；
满载一船星辉，
在星辉斑斓里放歌。

但我不能放歌，
悄悄是别离的笙箫；
夏虫也为我沉默，
沉默是今晚的康桥！

悄悄的我走了，
正如我悄悄的来；
我挥一挥衣袖，
不带走一片云彩。

8. 乡愁四韵

余光中

给我一瓢长江水啊长江水
酒一样的长江水
醉酒的滋味
是乡愁的滋味
给我一瓢长江水啊长江水

给我一张海棠红啊海棠红
血一样的海棠红
沸血的烧痛
是乡愁的烧痛
给我一张海棠红啊海棠红

给我一片雪花白啊雪花白
信一样的雪花白
家信的等待
是乡愁的等待
给我一片雪花白啊雪花白

给我一朵腊梅香啊腊梅香
母亲一样的腊梅香
母亲的芬芳
是乡土的芬芳
给我一朵腊梅香啊腊梅香

9. 错　　误

郑愁予

我打江南走过
那等在季节里的容颜
如莲花的开落

东风不来
三月的柳絮不飞
你的心如小小的寂寞的城
恰若青石的街道向晚
跫音不响
三月的春帏不揭
你的心是小小的窗扉紧掩

我达达的马蹄是美丽的错误
我不是归人
是个过客

10. 送　　别

李叔同

长亭外,
古道边,
芳草碧连天。
晚风拂柳笛声残,

夕阳山外山。

天之涯，
地之角，
知交半零落；
一瓢浊酒尽余欢，
今宵别梦寒。

长亭外，
古道边，
芳草碧连天。
晚风拂柳笛声残，
夕阳山外山。

11. 致 橡 树

舒婷

我如果爱你——
绝不像攀援的凌霄花，
借你的高枝炫耀自己；
我如果爱你——
绝不学痴情的鸟儿，
为绿荫重复单调的歌曲；
也不止像泉源，
常年送来清凉的慰藉；
也不止像险峰，

增加你的高度，衬托你的威仪。
甚至日光，
甚至春雨。
不，这些都还不够！
我必须是你近旁的一株木棉，
作为树的形象和你站在一起。
根，紧握在地下，
叶，相触在云里。
每一阵风过，
我们都互相致意，
但没有人
听懂我们的言语。
你有你的铜枝铁干，
像刀，像剑，
也像戟；
我有我的红硕花朵，
像沉重的叹息，
又像英勇的火炬。
我们分担寒潮、风雷、霹雳，
我们共享雾霭、流岚、虹霓。
仿佛永远分离，
却又终身相依。
这才是伟大的爱情，
坚贞就在这里：
爱，不仅爱你伟岸的身躯，
也爱你坚持的位置，脚下的土地。

12. 茉 莉 花
何仿

好一朵茉莉花,
满园花草香也香不过它,
我有心采一朵戴,
又怕看花的人儿骂。

好一朵茉莉花,
茉莉花开雪也白不过它,
我有心采一朵戴,
又怕旁人笑话。

好一朵茉莉花,
满园花开比也比不过它,
我有心采一朵戴,
又怕来年不发芽。

参考文献

[1] 老子. 道德经的智慧 [M]. 丹明子，解译. 北京：华夏出版社，2009.

[2] 黄伟林. 孔子的魅力 [M]. 桂林：广西师范大学出版社，2007.

[3] 孙隆基. 中国文化的深层结构 [M]. 桂林：广西师范大学出版社，2004.

[4] 章太炎. 章太炎讲国学 [M]. 长春：吉林人民出版社，2008.

[5] 方克立. 现代新儒学与中国现代化 [M]. 长春：长春出版社，2008.

[6] 蔡元培. 中国人的修养 [M]. 北京：中国工人出版社，2008.

[7] 方朝晖. 儒家修身九讲 [M]. 北京：清华大学出版社，2008.

[8] 张美清. 现代修身教程 [M]. 天津：南开大学出版社，2010.

[9] 陈琴. 中华经典素读范本（全十二册）[M]. 北京：中华书局，2012.